南戲論集

于復華著

文史哲學集成
文史哲出版社印行

國家圖書館出版品預行編目資料

南戲論集 / 于復華著. -- 初版. -- 臺北市：
文史哲，民 96.10
頁：　公分. (文史哲學集成；533)
含參考書目
ISBN 978-957-549-741-5 (平裝)

1. 南戲 2. 文集

982.52307　　　　　　　　　96019801

文史哲學集成　533

南　戲　論　集

著　　者：于　　　復　　　華
出 版 者：文　史　哲　出　版　社
http://www.lapen.com.tw
登記證字號：行政院新聞局版臺業字五三三七號
發 行 人：彭　　　正　　　雄
發 行 所：文　史　哲　出　版　社
印 刷 者：文　史　哲　出　版　社
臺北市羅斯福路一段七十二巷四號
郵政劃撥帳號：一六一八〇一七五
電話886-2-23511028 · 傳真886-2-23965656

定價新臺幣二二〇元

中華民國九十六年（2007）十月初版

自　序

　　本書是彙集近年來因教學研究所撰寫之文章，因主要研究的題目都與南戲有關，因此將書命爲《南戲論集》。

　　全書包含有宋元南戲《小孫屠》與《宦門子弟錯立身》之淨腳研究、宋元南戲《張協狀元》與明傳奇《琵琶記》戲劇結構之比較、元雜劇《殺狗勸夫》與明傳奇《殺狗記》之比較研究、元雜劇《拜月亭》與明傳奇《幽閨記》之比較研究、明傳奇《荊釵記》與《白兔記》戲劇結構之研究等六篇文章，希望對南戲研究的資料能夠盡棉薄之力。

　　宋元南戲雖然是目前發現最早具戲劇完整型式的演出，但其戲劇創作的技巧，包含戲劇結構之對比和象徵的運用、主題思想的呈現、人物性格特徵的豐富性，至今仍然被沿用，其重要原因在於人類的本性及情感並未因時空的變化而有所改變，因此南戲雖已離我們時代久遠，但其豐富的內涵卻值得深入探討；另外，中國戲劇經常利用同樣的故事，卻在不同的朝代給予新的詮釋，不論在人物塑

造、情節發展、主題呈現都給予新的生命力，探討研究也可發現劇作家豐富的想像力及不同的人生觀。

由於長年爲國立中正文化中心行政工作而忙碌，但心中一直有一信念，由於自己的努力或許可以帶給別人對南戲更多的研究或閱讀的方便，因此仍盡力完成此書，希望在南戲研究領域中，有一點貢獻也好，最後特別謝謝王士儀老師及劉效鵬老師和侯啓平老師，沒有他們，這本書是無法完成的。

南　戲　論　集

目　　錄

宋元南戲《小孫屠》與《宦門子弟錯立身》之淨腳研究

前　言

　　《小孫屠》、《宦門子弟錯立身》、《張協狀元》為發現最早的南戲，由於淨丑腳色以滑稽詼諧為主，而宋元南戲《張協狀元》先前已有專文研究其淨丑腳色[1]，因此此篇以《小孫屠》與《宦門子弟錯立身》之淨腳為主，分別就故事大綱、情節大綱、淨腳在各情節的功能、淨腳扮演劇中人物的原則、淨腳人物性格的分析等方面，以了解淨腳在此兩齣戲所存在之意義。

壹、《小孫屠》與《宦門子弟錯立身》之故事大綱

一、《小孫屠》

　　河南開封府有孫必達與孫必貴兄弟兩人，父親早已死

1　拙著《宋元南戲《張協狀元》之淨丑腳色研究》之碩士論文　中國文化大學藝術研究所　民國 70 年。

亡，兄陪母，在家讀書，弟外出以屠爲業，人呼爲小孫屠。兄在麗春園遇妓女李瓊梅，迷其色，爲之落籍而娶爲妻。但是瓊梅早有一個做小官的情夫，常來孫家欲溫舊情。時孫必達飲酒醉歸，呼呼大睡，瓊梅乘隙招情夫來家，小孫屠突至，爲其撞見，拔刀欲殺，姦夫脫逃。後小孫屠陪母至東嶽廟進香，必達送至中途而返。當必達等外出時，瓊梅又與情夫密會，因事爲婢梅香窺知，姦夫便殺了梅香，截其首，屍上披以瓊梅之衣，遂與瓊梅私遁。必達到家，見狀大驚，以爲妻被殺，訴于官，反被捕入獄。小孫屠以母病死途中，負屍歸來，聞兄遭慘變，乃到獄中送飯探望，姦夫又恐小孫屠知道此事，便設法把他反告入官中，盆吊打死後棄之荒野。兄出獄，欲尋弟屍埋葬，由於東嶽神憐憫，令小孫屠復生，兄弟二人喜出望外。後經瓊梅良心發現，說明一切，便告到包龍圖那裡去審判，於是真相大白。[2]

二、《宦門子弟錯立身》

河南府同知之子延壽馬，爲宦家公子，因爲愛上以演藝爲主的女藝人王金榜。便私下引入書齋幽會，爲父所見，觸其怒。但延壽馬因愛王氏甚切，寧願拋棄家庭，跟著女藝人流浪江湖而不惜。後其父巡迴地方觀政，一夕，欲慰旅途寂寞，召藝人使演院本，一見則爲出奔之子，促之返家，憐其

---

2 羅錦堂：《從宋元南戲說到明代傳奇》大陸雜誌第二十八卷第三期頁77。

流浪之苦，便許兩人結爲夫婦。[3]

　　就故事大綱來看，《小孫屠》是齣由悲轉喜的喜劇，孫家因爲孫必達妻瓊梅外遇後，一連串的死亡及下獄，讓孫家陷入悲慘的境地，幸因東嶽神的協助才轉危爲安，劇中的淨腳扮演令吏朱傑是個壞人的腳色，由於他的惡行讓梅香死亡及孫必達被捕入獄，甚至讓小孫屠被盆吊差點死亡，因此對故事發展而言，淨腳扮演的朱傑是個關鍵的腳色。

　　至於就《宦門子弟錯立身》而言，沒有死亡的悲劇只有親情的誤解，因此劇中由淨腳扮演的老都管是個熱心助人樂觀又積極的忠誠僕人，由於他的協助讓延壽馬在遭受困難時，不但沒有以自殺解決問題，反而積極追求愛情及自我幸福，因此老都管也是故事發展的關鍵腳色。

貳、《小孫屠》與《宦門子弟錯立身》之戲劇情節大綱

一、《小孫屠》

　　第一齣　家門　故事大綱

　　第二齣　共樂　孫必達與孫必貴兄弟屠宰爲業，孫必達約朋友吟詩做對共飲同樂。

　　第三齣　鍾情　孫必達至麗春園遇妓女李瓊梅一見鍾

---

3 羅錦堂：《從宋元南戲說到明代傳奇》大陸雜誌第二十八卷第三期頁77。

情，願爲其贖身落籍從良。

第四齣　借金　孫必貴告知其母爲錢逼迫需出外向朋友週轉。

第五齣　贖身　孫必達託朋友辦理李瓊梅落籍從良事。

第六齣　事妥　孫必達朋友告知事已妥當。

第七齣　從良　李瓊梅辦完落籍從良事，但令吏朱傑卻圖謀美色。

第八齣　擔憂　孫必貴擔心其兄迷戀女人將招致厄運。

第九齣　成親　孫必達與李瓊梅結婚。

第十齣　預謀　朱傑用計勾引李瓊梅。

第十一齣　巧遇　朱傑與李瓊梅續舊情，孫必貴返家撞見，李瓊梅反誣孫必貴騷擾。

第十二齣　殺婢　朱傑與李瓊梅趁孫必達一家人至廟宇還願時，聯手將女婢梅香殺死裝扮爲李瓊梅模樣，藉以指控孫必達殺妻。

第十三齣　冤屈　孫必達被捕拷打招認殺妻。

第十四齣　旅途　孫必貴與母親爲至廟宇還願旅途勞頓。

第十五齣　姦情　朱傑與李瓊梅再訴姦情。

第十六齣　悲情　孫必貴母親還願後病故，孫必貴返家後王婆又告知其兄因殺妻關入大牢。

第十七齣　見兄　孫必貴至獄中見兄告知母親病故，並決定救兄。

第十八齣　得意　朱傑與李瓊梅得意其殺人計謀。

第十九齣　審案　開封府尹審訊孫必達要將其處死，孫必貴願爲兄而死。

第二十齣　鬼魂　梅香鬼魂出現準備報仇。

第二十一齣　神救　神明東嶽泰山府君將遭盆吊而死孫必貴救活，並追問李瓊梅得知事情真相。

第二十二齣　擒凶　孫家兄弟及梅香鬼魂擒住朱傑與李瓊梅送官。

第二十三齣　惡報　包拯審案將朱傑與李瓊梅處死。

二、《宦門子弟錯立身》

第一齣　家門　故事大綱

第二齣　戀情　完顏壽馬透露雖然父親反對，但仍與伶人王金榜產生戀情，並令僕人狗兒督管請王金榜來書房相會。

第三齣　教兒　完顏壽馬父親完顏同知，期望孩兒飽讀詩書。

第四齣　母逼　王金榜母爲錢逼迫生病女兒也要演出，王金榜堅拒，幸狗兒督管前來邀請王金榜而解圍。

第五齣　痛責　完顏壽馬與王金榜相見甚歡，但完顏壽馬父痛責其子，但壽馬卸責推給狗兒督管，因此狗兒督管遭痛打，壽馬也遭鎖在家中，王金榜也被逼需離開縣城。

第六齣　詛喪　完顏壽馬不滿父親拆散他與王金榜，內心詛喪想要自殺，幸狗兒督管力勸暫時忍耐先行逃離。

第七齣　宣喚　皇帝宣喚完顏壽馬父親，於是延壽馬父

親前往宮廷，同時也尋找逃家的兒子。

第八齣　行路　因劇本有遺漏，推斷爲狗兒督管陪完顏同知趕路。

第九齣　借宿　王金榜別離完顏壽馬非常思念，求安身只得借宿打地舖過生活。

第十齣　思念　完顏壽馬旅途勞頓非常思念王金榜。

第十一齣　擔憂　王金榜父親擔心完顏壽馬父親再度報復。

第十二齣　相遇　完顏壽馬賣了馬匹及衣服忍受飢寒只爲找到王金榜，後在茶坊相遇隨即參加劇團兩人成親。

第十三齣　忍恥　完顏壽馬忍恥含羞巡迴演出。

第十四齣　團圓　完顏壽馬父親看戲巧遇其子，原諒他與王金榜，於是全家團圓。

針對上述就戲劇情節大綱來分析淨腳扮演的人物功能：

《小孫屠》：

1.孫必達朋友：在劇中第二、三、五齣出現，其主要功能是與孫必達吟詩做對並至麗春園飲酒作樂。劇情爲安排孫必達與李瓊梅相識，必須自然合理，因此讓孫必達與其朋友至麗春園飲酒作樂，同時也幫忙孫必達安排李瓊梅落籍從良的事，戲份不多其功能只是陪襯而已。

2.朱傑：在劇中第六、九、十、十一、十三、十六、十七、二十、二十一齣出現，戲份很重，其主要功能是製造與其他角色的衝突，因爲他的毒計讓女婢梅香被害死、孫必達遭指控殺妻入獄、孫必貴遭盆吊陷害，整個家庭破碎。他是

開封府令吏，與妓女李瓊梅有姦情，為劇中反面人物，個性狡詐狠毒及好色，因貪圖李瓊梅美色，於是藉李瓊梅落籍從良事，趁機恢復兩人姦情，同時更為狠毒的是將女婢梅香殺死裝扮為李瓊梅模樣，藉以指控孫必達殺妻，達到佔有李瓊梅的目的，由於孫必貴知道他與李瓊梅之姦情，因此設計將孫必貴盆吊而死，不過惡有惡報，在包拯察明案情後遭處死。

　　3.媒婆：在劇中第八齣出現，安排孫必達與李瓊梅結婚事，其功能只是穿針引線而已，讓孫必達與李瓊梅完婚。

　　4.王婆：在劇中第十四齣出現，王婆為孫家鄰居，告知孫必貴孫必達被捉之事，其功能也是轉達訊息和幫忙而已，其熱心幫忙做飯給孫必貴，好讓其能入監探視其兄。

　　5.禁子：在劇中第十九齣出現，是將孫必貴害死放在野外，其功能是協助劇情推展而已。

　　《宦門子弟錯立身》：

　　1.老都管：在劇中第二、五、六、八、十四齣出現，其主要功能是協助主要腳色達到其需求目的，他幫小主人完顏壽馬叫女藝人王金榜來府中相會，最後也協助老主人找到其兒子完顏壽馬。他是完顏壽馬家中之駝背老僕，其人物性格展現熱心助人且樂觀積極和忠誠，奉命叫女藝人王金榜來府中相會，遭老爺發現還願意替完顏壽馬受過，在完顏壽馬被父親關在房間悲觀痛苦時，他樂觀勸說完顏壽馬脫逃家中，並協助開鎖放走，他是讓劇情的發展由悲劇改為喜劇的關鍵人物。

2.茶博士：在劇中第十二齣出現，爲茶坊老闆，其功能是協助劇情推展而已，讓完顏壽馬與王金榜能在茶坊相遇，進而使兩人成親。

參、《小孫屠》與《宦門子弟錯立身》之淨腳扮演的劇中人物

依據王國維先生的說法，腳色劃分歸類，大致以下列三項爲標準：

一依劇中人物的地位爲準。二以氣質之剛柔爲準。三以品性善惡爲準。[4]茲以此爲基礎加以分析《小孫屠》與《宦門子弟錯立身》兩齣戲之淨腳，一般都是社會地位崇高由生旦腳色扮演，社會地位卑賤的由淨丑腳色來扮演，但這兩齣戲共七位人物媒婆、王婆、禁子、老都管、茶博士、令吏朱傑及孫必達朋友都是地位卑賤，以氣質之剛柔來論，除令吏朱傑及禁子爲有剛惡之氣，其餘皆爲熱心樂善之氣，而在品性善惡的部分，只有朱傑狡詐狠毒及好色，爲品行大惡之人，其餘皆爲善良之人，再看其他腳色分配部份，兩齣劇本之腳色分別爲：

《小孫屠》：生 —— 孫必達 旦 —— 李瓊梅 末 —— 孫必貴 孫必達朋友 淨 —— 孫必達朋友 令吏朱傑 禁子 媒婆

---

4 徐渭：《南詞敘錄》歷代詩史長編二輯（台灣：鼎文書局，民國 63 年）頁 173。

王婆　外──開封府尹　東嶽泰山府君　另外女婢梅香及孫
必達母親分別以梅及婆標示。

　　就以此劇來看生、旦的社會地位也卑賤，分別爲屠夫及
妓女，且旦腳也是水性楊花違背婦道的惡人，並不符合王國
維提出之腳色劃分歸類原則。

　　《宦門子弟錯立身》：生──完顏壽馬　旦──王金榜
末──完顏壽馬陪侍王金榜父親　淨──狗兒督管　茶博士
虔──王金榜母親　外──完顏同知

　　在此劇來看，生腳爲官家子弟符合王國維提出之腳色劃
分歸類原則，但是旦腳爲戲子，地位卑賤就與分類原則不
符。

　　綜合上述可見淨腳扮演腳色的原則，品行大惡的人物如
令吏朱傑由淨腳扮演，但一些地位卑賤的人物如媒婆、王
婆、禁子、老都管、茶博士等也由淨腳扮演。依據學者孫崇
濤在其《南戲論集》一書中提及，《張協狀元》之戲中腳色
齊全，登場人物眾多，生旦淨丑外末后七種腳色，共扮演四
十多個劇中人物，腳色職能分工雖然不及後世戲曲那麼嚴
明，但是以生旦爲主體，其他腳色爲輔佐的各司職守而又統
一有機的南戲腳色體制，已經大致形成[5]。如果將兩齣戲腳
色與《張協狀元》腳色比較，發現沒有安排丑腳出現，其原
因可能這兩齣戲太短並經過刪減，情節簡單及戲劇人物也
少，因此不用再安排丑腳出現。

---

5 孫崇濤：《南戲論集》（大陸：中華書局，2001年），頁82。

　　至於在人物性格方面，由於多數淨腳扮演的人物爲過場性質，戲份少主要爲協助劇情之推展將不贅述，另分析重要的淨腳扮演戲劇人物性格，一爲《小孫屠》的朱傑，另一爲《宦門子弟錯立身》的老都管，分別詳如下述：

　　1.朱傑：他個性狡詐狠毒，善於利用他人弱點落井下石，從中獲得利益，如他貪圖李瓊梅的美色，就設下索債毒計企圖威脅：

　　淨：……在先這婦女和我做伴時，曾借我三錠鈔，休昧心說，這錢還我了，爭奈我文書不曾把還它，我如今只把這文書做索錢爲由，去它家走一趟，恐怕它是姻緣未斷，三兩句成合了，正是不施萬丈深潭計，何得驪龍項下珠。

　　殘忍泯滅人性更是朱傑最可惡之處，只因爲了能與李瓊梅再度復合，殺掉質問的女婢梅香：

　　梅：姐姐這個是什麼人，你只管留它在家吃酒做什麼。

　　旦：不干你事。

　　淨殺梅香。扮梅香作旦屍體科。除梅香頭介。

　　朱傑更是虛諛欺騙完全昧著良心，自己殺人還栽贓給孫必達，並將其屈打成招：

　　淨扮朱令吏上介說關殺人

　　淨：寧可昧神祇，不可失道理，廳上官人喚，只是孫大殺人事走一遭。

　　外：這的人命事，非通小可，不打不招。

　　淨：打了。

　　2.老都管：他是樂觀及心思細密的，深知主人的喜愛，

會奉迎拍馬，因此僕人的腳色能從小做到老：

淨：從小在府裏，合家見我喜，相公常使喚，凡事知就裏。如今年紀大，又來伏事你。

當然他也能忍辱負重，爲小主人抗下私會其愛人王金榜的責任，遭完顏同知痛打：

淨：思量老奴婢，只是怨恨你，兩個將咱連累。如今打的我，渾身上下都麻痺。

老都管也有善心及智慧的一面，在延壽馬無助想要自殺時，狗兒督管卻運用智慧勸說延壽馬，同時承擔放走延壽馬責任，寧願讓完顏同知懲罰：

淨：舍人，自古道千日在泥，不如一日在世，不如收拾些金銀爲路費，往別處住幾時，別作商量。等相公氣息，再回來不遲，不強如死了。

淨唱：略聽說與，喪殘生一命可惜。若還放得伊家去，恐把我每連累。

尋思你去真慘悽，只得與你擔著罪。到前途作個道理，到前途作個道理。

肆、《小孫屠》與《宦門子弟錯立身》之淨腳的插科打諢

宋元南戲在劇中經常可見插科打諢，李漁在《閒情偶寄》一書曾云：「插科打諢塡詞之末技也。然欲雅俗同歡，

智愚共賞，則當在此處留神。文字佳，情節佳，而打諢不佳，非特俗人怕看，即雅人韻士，亦有磕睡之時，科諢乃看戲之人蔘湯也，養精益神，使人不倦，全在於此，可作小道觀乎」[6]王驥德亦云「在曲冷不鬧場處，得淨丑插一科，可博人哄堂，亦是戲劇的眼目。」[7]周貽白在其所著《中國戲劇發展史》一書中也提及「插科打諢這一類滑稽穿插，看來雖似沒有必要，扮演起來，也許是最能引人入勝的地方，況且這類輕鬆的場子，還可以調劑劇場觀眾的精神，又可以使處於主角地位的生旦等腳色稍作休息，說來並不是全無意義的事。」[8]就此來探討劇中淨腳的插科打諢，在《宦門子弟錯立身》一劇中，淨腳狗兒督管的講話就粗魯低俗，並暗藏春色：

　　淨：自家是老督管，吃飯便要滿，要我做皮條，酒肉要你管。舍人使喚我，請甚王金榜，相公要知道，打你娘個本，婦人剋了別，舍人割了卵。

　　生：你且急去莫遲疑，我每等候在書幃。

　　淨：小姐若還不來，你在床上弄寮兒。

　　探討《小孫屠》淨腳的插科打諢，劇中的腳色孫必達朋友、令吏朱傑、媒婆、王婆、禁子等出現時，並沒有出現插科打諢的情形，其功能都在推展劇情而已。

---

6 李漁：《閒情偶寄》卷三　歷代詩史長編二輯（台灣：鼎文書局，民國 63 年），頁 61。
7 王驥德：《曲律》卷三　歷代詩史長編二輯（台灣：鼎文書局，民國 63 年），頁 69。
8 周貽白：《中國戲劇發展史》（台灣：愓勉出版社，民國 67 年），頁 219。

伍、《小孫屠》《宦門子弟錯立身》之淨腳與《張協狀元》淨腳之比較

　　由於《張協狀元》也是最早發現的宋元南戲之一，因此比較其劇中的淨腳，來探討《小孫屠》《宦門子弟錯立身》之淨腳其扮演腳色之原則及功能是否相同，劇中以淨腳來扮的戲劇人物計有張協母、張協朋友、解差、廟神、李大婆、店主婆、賣登科記的人、丞相府女婢、門子、腳伕、柳屯田、譚節使等十二個人物，同時也有與淨腳搭配插科打諢的丑腳有七個，分別為圓夢先生、張協妹、強人、值日小鬼、呆小二、窮秀才、腳伕、宰相王德用，就數量而言，比《小孫屠》五個多出七個，比《宦門子弟錯立身》的兩個多出十個，就腳色功能而言，張協母為視財如命吝嗇老母親，為一陪襯性的腳色，張協朋友為文辭欠缺又好吹牛的讀書人，其功能是為張協的才學做對比，解差是位只會吹噓的人物，其功能是插科打諢，廟神是位貪念滑稽的人物，其功能是協助主角找到住處，李大婆是愛面子好吹噓的老太婆，但她寬厚仁心協助女主角，店主婆是凶狠潑辣的人物，為了房租與客人大打出手，其功能是插科打諢，賣登科記的人是個反應遲鈍聽事不清的人物，其功能亦是插科打諢，丞相府女婢是個慢條斯理滑稽的人物，其功能是插科打諢，門子是仗勢弄權的小人嘴臉，其功能是插科打諢，腳伕是貪得無厭不斷巧立

名目索錢的小人物，其功能是插科打諢，柳屯田是官員，有逍遙放任不拘的性格，在劇中陪宰相玩球製造滑稽，譚節使是個莽撞豪放的老將軍，亦是個滑稽人物，其功能是在化解宰相與張協之間的嫌隙，促成張協與貧女的團圓。綜合上述可以發現《張協狀元》的淨腳在腳色分配原則及功能上大致與《小孫屠》《宦門子弟錯立身》相同，以社會地位而言，除柳屯田及譚節使為官員外，人物多為社會地位卑賤。以品行善惡及氣質剛柔而言，除門子腳伕店主婆有貪念及態度不佳的小惡之外，其餘皆為善心助人的人物，協助著男女主角，並無像《小孫屠》中的淨腳朱傑，狡詐狠毒殘忍及好色的大惡之人。依據上述整理分析圖表如下：

	小孫屠	宦門子弟錯立身	張協狀元
淨腳人物數量	5	2	12
扮演淨腳人物	孫必達朋友、令吏朱傑、媒婆、王婆、禁子、	老都管茶博士	張協母、張協友解差、廟神、李大婆、店主婆賣登科記的人、相府女婢、門子、腳伕、柳屯田、譚節使
社會地位	社會地位低下	社會地位低下	除廟神、柳屯田、譚節使外社會地位均低下
品行罪惡	朱傑	無	店主婆、腳伕
品行良善	孫必達朋友王婆	老都管	廟神李大婆譚節使
插科打諢	無	有	有
是否有丑腳搭配	無	無	有

陸、結 語

　　戲劇人物是戲劇的核心，其情感的表達及動作的呈現，可以讓觀眾感受到劇情情節之發展及蘊含的思想意義，錢南揚先生在《戲文概論》一書中提及，因為宋元戲文編寫權掌握民間手中，反映著市民階層的思想意識，故愛憎分明，有一定的進步意義，如對於英雄愛國者等等加以歌頌，對於反抗者弱者則寄予同情，而對於那些奸邪凶惡的反面人物，則加以無情的批判，甚至嚴厲的懲罰。廣大群眾通過戲文，可以學習到許多生活的道理，和對人物的評價。《錯立身》女主角是戲劇演員，男主角完顏壽馬雖出身宦門，然有勇氣背叛他自己的立場，參加勞工生活的一面，故作者都加以歌頌。《小孫屠》的主角孫必貴是屠戶，也是歌頌的對象，李瓊梅是妓女，雖也是社會底層人物，然後來墮落為幫兇，又當別論，這些被歌頌的正面人物，都是對當時制度有所不滿，敢於起來作反抗者。[9]由此來看南戲藉由淨腳扮演的惡人其惡有惡報的結果，如令吏朱傑被處死，來批判為惡的慘狀，進一步達到教化的功能。

　　《小孫屠》、《宦門子弟錯立身》兩劇的淨腳分別呈現出，製造與其他角色的衝突、傳達訊息、給予主要人物協

---

9 錢南揚：《戲文概論》（台灣：木鐸出版社，民國 77 年），頁 124。

助、插科打諢等功能,當然在功能的背後進一步探索其思想意義可以發現,在《小孫屠》一劇中的令吏朱傑原為執法之人,卻反而知法犯法,通姦、殺人、栽贓、屈打成招、謀害等各種罪狀,進而透露出當時代小吏的狐假虎威壓迫人民,讓人民生活非常痛苦難以喘息,但中國人善有善報惡有惡報的因果觀在此劇也同樣的呈現,朱傑雖短時間獲取其利,但東嶽泰山府君神明出現卻讓正義公理再度出現;而《宦門子弟錯立身》一劇中的老都管受小主人之命辦事,邀請女優人王金榜到府,但事情遭為官的父親發現,小主人撇清責任,為僕的老都管只得受罪挨打,也是再一次呈現底層階級生活的痛苦。社會雖然有罪惡黑暗的一面,但社會也充滿著愛心光明的一面,在《小孫屠》一劇中可以見到孫必達朋友熱心協助李瓊梅落籍從良之事,王婆也熱心送飯菜給小孫屠溫馨感人的情節,同時在《宦門子弟錯立身》一劇中的老都管也熱心勸說小主人樂觀並且也協助其逃走,熱心與愛心都充斥在這些小人物身上,由此我們可以發現《小孫屠》、《宦門子弟錯立身》兩劇的淨腳不但反映當時代的社會面貌,同時也提醒我們做人做事的道理。

宋元南戲《張協狀元》與明傳奇 《琵琶記》戲劇結構之比較

前　　言

　　宋元南戲《張協狀元》爲早期南戲，據現有的資料，只知爲九山書會所編撰，作者及本事均無可考，故事的取材可能來自宋元間流傳眾口之事，但據後人推斷，此劇似乎承繼蔡二郎、趙貞女故事，鄭振鐸云：「張協狀元篇幅甚長，敘張協及第後棄妻子，大似趙貞女、蔡二郎的結構，也甚似明人詞話金玉奴棒打薄情郎的情節。」[1]，周貽白亦云：「張協狀元其故事情節，有一部份和琵琶記近似，但全部結構卻和明人小說金玉奴同，也許金玉奴是由這本戲增減而成」[2]，因此比較《張協狀元》與《琵琶記》兩劇之劇情結構，可以了解其中故事轉變之差異，因此分別從作者的生平、創

1　鄭振鐸：《中國文學史》（台灣：新欣出版社，民國 58 年），頁112。
2　周貽白：《中國戲劇發展史》（台灣：愧勉出版社，民國 67 年），頁213。

作的形式、故事大綱、情節的安排、戲劇的衝突等方面加以
分析比較。

壹、劇作家生活經驗影響創作比較

由於劇作家的生活經驗通常都會在其作品中呈現，因此
分析其劇作家的生平紀事，可以發現兩者的密切關係：

一、《張協狀元》：只知為九山書會所編撰，作者生平
不詳，因此無法推斷其與作品關係。

二、《琵琶記》：作者高則誠，名明，號菜根道人，後
人稱為東嘉先生，浙江瑞安人，出身於隱士家庭，祖父高天
賜、伯父高彥和弟弟高暘都是詩人，他在青年時期就以學識
淵博著稱，工詩文，善書法，尤其擅長詞曲。先後擔任處州
錄事、杭州行省丞相撰等職，為人耿直為官清廉，後辭官寫
琵琶記，由於其累積生活經驗，和他對達官貴人的了解，有
益於琵琶記的創作。[3]

高明因琵琶記而名不朽，他寫作時似也以畢生精力為
之，亂世文人，把滿腔憂憤都寄託在這上面了。所以關於他
寫作的情形，產生許多有趣的傳說。如輟耕錄云：「高則
誠作琵琶記，閉門謝客；極力苦心歌詠，久則吐延沫不絕，
按節拍則腳點樓板皆穿。」更相傳他填詞至吃糠一場，揮灑

---

3 張庚、郭漢城：《中國戲劇通史》（台灣：丹青圖書，民國 74
年），第一冊 頁 275、276。

淋漓，桌上兩支燭光竟爲之交叉爲一。[4]

就劇作家生活經驗而言，張協狀元因作者不詳難以評論外，就琵琶記的高明而言，因爲曾經爲官，因此了解官場的黑暗，所以在情節中多所呈現官員欺壓善良百姓，如里正的搶糧、丞相婚姻作梗、丞相禁止蔡伯喈返鄉探親等，但因爲必須安排大團圓的框架下，一切都需化衝突而和諧，因此最後也安排丞相懊悔改過的情節，彰顯圓滿而樂觀的人生觀。另外作者也藉著蔡邕這個人物，反映出當時代知識份子內心的苦悶，婚姻、職位、財富等均被封建社會枷鎖所套住，縱有圓滿的結果也須付出慘痛的代價。

貳、故事大綱的比較

由故事大綱我們可以比較故事的開始、故事的發展及故事的結束到底有何不同，而影響戲劇的整體結構：

一、《張協狀元》：張協進京趕考，途經五磯山遭強盜打傷，土地公現身將其救往古廟，張協在古廟中與王貧女相識，經李大公撮和兩人成爲夫妻，張協在貧女協助下又進京趕考高中狀元，宰相王德用欲招其爲婿，但遭其拒絕，貧女至京尋見，也遭其拒見，王德用之女遭羞辱發病而死，張協被派往梓州爲官，途經五磯山砍殺王貧女並推下懸崖，幸王

---

4 孟瑤：《中國戲曲史》第一冊（台灣：傳記文學出版社，民國 68 年），頁 225。

貧女脫困，王德用氣憤不過，前往梓州復仇，途經五磯山見王貧女酷似其女兒，而收爲義女，後張協在譚節使斡旋下，娶宰相義女爲妻，因而夫妻團圓。

二、《琵琶記》：蔡邕和趙五娘新婚才兩月，就離家上京應試，把貧窮家庭、年老父母交給五娘，又請鄰居張太公幫忙。蔡邕一試中狀元，卻被相國牛僧孺逼婚入贅牛府。但在家鄉，不幸遭飢饉，五娘貧苦中侍奉舅姑，靠典賣嫁妝過日，亦只能勉強供奉舅姑淡飯，自己卻暗中嚥糠團子充飢；舅姑因見她常在隱處自食，以爲她獨享美食，就在吃飯時偷看她，見她嚥糠團子，而驚愧絕倒，後來舅得甦醒，而姑因此而死，得鄰居張太公之助才能埋葬。京中蔡邕在牛府，高官美食，牛氏女亦賢慧，但他心中常惦記父母髮妻而不樂，言行中亦常暗示他的心情給牛氏女知道，並暗中託人帶信回家，一探消息，又給無賴僞造回信所騙，書信始終不能送到，在家鄉，舅在姑死後，不久亦得病而死，五娘無法掩葬，於是剪下頭髮，去換錢買棺，恰巧鄰居張太公來探望，於是又送布帛米來。棺木到山上，五娘以麻裙包土完葬，然後自描舅姑真容，負琵琶賣唱行乞上京尋夫。五娘至京，在彌陀寺遺下真容，被蔡邕拾得。後來五娘聞說蔡邕入贅牛府，就到牛府抄化，牛氏可憐她，相談之下，才知是蔡邕舊妻，就留她在府中。第二天，五娘在書齋中看到真容，有所感念而題詩在上。蔡邕回來見詩，於是夫婦團圓。[5]

---

5 黃麗貞：《南劇六十種曲研究》（台灣：商務印書館，民國 68年），頁 18。

　　分析兩劇故事大綱，就故事開始而言，雖然同樣是夫進京趕考留妻在家，但《張協狀元》中的張協是在歷經危險後與救命恩人王貧女成親，加強夫欠妻的恩情強度，而《琵琶記》中蔡邕是戲一開始就已成親，但妻子卻需擔負照顧公婆責任，兩者有明顯的不同，至於在故事發展的部分，男主角面臨丞相欲召狀元為婿時，相同的部分都是開始張協與蔡邕都予以拒絕，但在結果的部分卻有不同，蔡邕在丞相壓力下最後還是勉強接受，張協卻仍然拒絕，至於在故事結束的部分，相同的部分都是夫妻團圓，不同的部分卻是蔡邕比張協多娶一妻。

參、情節大綱的比較

　　由情節大綱分析我們可以看出每一情節鋪排的目的，同時更可藉其情節的發展觀察到對戲劇的整體結構影響：

一、《張協狀元》

　　宋元南戲《張協狀元》雖沒有分齣，但依其人物上下場及時空之轉換，並給予標題，仍可將其分為五十四齣：

　　第一齣　家門　故事大綱。

　　分析：此齣戲為家門，所謂略道家門便見戲文大意，安排末腳出場講述故事大綱，將重要的人物及重要的情節在此齣戲中呈現。

第二齣　惡夢　張協向朋友提及做惡夢，爲老虎所傷。

分析：此齣戲主要介紹劇中主要人物張協及其內心困境。

第三齣　自嘆　王貧女居古廟，獨自哀嘆。

分析：此齣戲主要介紹劇中女主角王貧女家世。

第四齣　圓夢　圓夢先生爲張協析夢，告知雖受苦難但會富貴。

分析：此齣戲點出主要人物之命運發展。

第五齣　拜辭　張協向父母拜別進京趕考。

分析：張協展開新的命運，面對不可知的未來。

第六齣　差喚　王貧女被告知請其至李大公家中幫忙。

分析：讓觀眾更進一步了解王貧女生活的困頓。

第七齣　旅途　張協在旅途中觀景。

分析：過場戲，展現張協之歡樂之情。

第八齣　行劫　五磯山強盜打劫過路商人。

分析：爲下場戲預埋危機，張協將面臨生命危險。

第九齣　神救　張協行經五磯山遭強盜砍傷，神明將其救往古廟。

分析：張協陷入危機但神明解救又化解危機，同時讓生旦兩條情節線交錯。

第十齣　巧識　張協在古廟中與王貧女相識。

分析：王貧女照顧受傷張協，因救命之恩而產生愛情。

第十一齣　贈物　李大公送食物至古廟給王貧女。

分析：表現李大公的熱心，同時也呈現王貧女貧困的苦

況。

　　第十二齣　紛爭　李大公之子呆小二欲娶王貧女爲妻，但遭拒絕。

　　分析：讓王貧女與張協之間的愛情加入衝突，呆小二卻強力爭取。

　　第十三齣　嬌女　丞相之女王勝花備受寵愛。

　　分析：介紹另一引發戲劇衝突的腳色王勝花。

　　第十四齣　婚定　李大公安排讓張協娶王貧女爲妻。

　　分析：繼續呈現李大公的熱心，安排張協與王貧女結婚。

　　第十五齣　憂婚　丞相夫人憂心其女婚事。

　　分析：持續加強可能引發戲劇衝突的戲。

　　第十六齣　完婚　張協與王貧女成親，眾人慶賀。

　　分析：婚姻歡樂的戲，張協與王貧女享受新婚之樂。

　　第十七齣　思春　丞相夫人進行安排其女婚事。

　　分析：持續發展另一危機，丞相夫人準備婚事。

　　第十八齣　欲試　張協仍要準備進京趕考。

　　分析：張協依然要進京趕考完成讀書人的夢想。

　　第十九齣　剪髮　王貧女剪髮借得盤纏讓張協進京趕考。

　　分析：顯現王貧女爲妻爲夫犧牲的精神，以剪髮借得盤纏協助丈夫。

　　第二十齣　怒打　張協在家久候不耐，王貧女返家遭其毒打。

　　分析：顯現張協易怒及易變不穩定的個性，對於新婚妻子如此粗蠻。

　　第二十一齣　招婿　宰相欲招狀元為婿。

　　分析：宰相招狀元為婿的決定將引發情節重要的轉折。

　　第二十二齣　離情　張協別妻進京趕考。

　　分析：呈現夫妻離別的過場戲。

　　第二十三齣　思念　王貧女思念張協痛苦過日。

　　分析：呈現別離思念的人性情感。

　　第二十四齣　應試　張協已達京城，準備應試。

　　分析：強調科舉重要，決定讀書人的命運及前程。

　　第二十五齣　搭樓　王夫人告知王勝花，狀元即將選出。

　　分析：權勢與婚姻結合讓當權者權力更為穩固。

　　第二十六齣　調笑　呆小二嘲笑王貧女，張協赴京城將不再返回。

　　分析：呆小二因娶不到王貧女，心生報復故意嘲笑。

　　第二十七齣　刺鞭　張協高中狀元，但拒絕成為女婿，宰相非常生氣。

　　分析：張協與宰相為結婚事產生衝突，張協完全不顧宰相之情面，也造成後續宰相之報復。

　　第二十八齣　買記　呆小二買科記，看張協是否高中狀元。

　　分析：過場戲，主要是讓王貧女得知張協已中狀元。

　　第二十九齣　憂怨　王勝花婚姻被拒，難過異常。

分析：延續張協與宰相之衝突，波及宰相之女王勝花，也為王勝花之死預作鋪排。

第三十齣　　尋夫　王貧女因張協無音訊，決定上京尋夫。

分析：王貧女擔心張協因而決定不顧危險上京尋夫。

第三十一齣　　思鄉　張協派人告知父母考上狀元。

分析：展現張協之孝道，卻也對比對妻子的無情。

第三十二齣　　魂歸　王勝花病重而亡，宰相更加氣憤。

分析：宰相之女王勝花因羞辱病逝，更加深宰相對張協之痛恨，戲劇衝突因而加重。

第三十三齣　　辭神　王貧女拜別廟神前往京城。

分析：王貧女祭拜廟神，希望藉靠其保佑而平安抵達京城。

第三十四齣　　受官　張協被命為梓州簽判，準備前往上任。

分析：張協遭宰相之報復而被派往邊疆。

第三十五齣　　拒見　王貧女來到京城，但張協拒見，傷心不已。

分析：展現張協之無情，居然拒見為救命恩人的妻子，讓王貧女傷心不已。

第三十六齣　　陰謀　張協決定斬草除根，要害死王貧女。

分析：再次展現張協性格之狠毒，居然恩將仇報，要害死王貧女。

第三十七齣　行乞　王貧女沿途行乞返鄉。

分析：呈現王貧女之落寞與傷心只得無奈返鄉。

第三十八齣　盼歸　李大公夫婦盼王貧女返回。

分析：展現熱心之李大公夫婦對於王貧女之關切。

第三十九齣　哭訴　王貧女向李大公夫婦哭訴。

分析：讓王貧女痛苦的委屈得以宣洩。

第四十齣　　赴任　張協前往梓州。

分析：張協被派往邊疆梓州，顯示宰相的權勢及其報復之心。

第四十一齣　斬臂　張協經五磯山將王貧女殺傷推下懸崖。

分析：展現張協的狠毒，居然會想斬草除根殺掉王貧女。

第四十二齣　復仇　宰相王德用決定為女復仇，將前往梓州。

分析：展現宰相王德用的記恨如仇，持續的要報復張協。

第四十三齣　記恨　王貧女痛恨張協。

分析：王貧女遭謀殺，對於張協恩將仇報非常憤恨。

第四十四齣　尋店　宰相王德用途經五磯山尋找住宿地點。

分析：安排王德用與王貧女見面的機會，於是讓王德用途經五磯山。

第四十五齣　收女　宰相王德用遇王貧女，因像其女兒

而收為義女。

分析：再增加王德用與王貧女之間的關係，讓他們成為義父女，以便讓張協能夠再娶王貧女。

第四十六齣　自得　張協梓州上任而自鳴得意。

分析：呈現張協首次為官的得意之情。

第四十七齣　問親　宰相王德用關心義女之婚事。

分析：為張協能夠再娶王貧女之圓滿結局持續安排。

第四十八齣　參拜　宰相王德用至梓州，眾官參拜。

分析：顯示宰相王德用權勢。

第四十九齣　訓官　宰相王德用準備要教訓張協。

分析：宰相王德用要利用權勢再度報仇。

第五十齣　說和　張協請譚節使向宰相王德用說和。

分析：張協無法忍耐王德用的報仇，於是請譚節使向宰相王德用說和。

第五十一齣　提親　譚節使向宰相王德用提張協娶其義女事。

分析：譚節使成為調人及媒人，積極化解張協與王德用之間仇恨。

第五十二齣　喜訊　譚節使告知張協王德用同意之喜訊。

分析：譚節使成功化解張協與王德用之間仇恨，並讓張協再娶王貧女。

第五十三齣　傘舞　後堂官與王德用表演滑稽舞蹈慶賀。

第五十四齣　團圓　張協與王貧女再度相遇，貧女原諒而夫妻團圓。

分析：圓滿的結局，張協與王貧女再度成親，王貧女原諒張協。

二、《琵琶記》

第一齣　副末開場　副末講述故事大綱。

分析：本劇的家門，副末開場講述故事大綱，而下場詩更將重要人物的人物性格作一介紹。

第二齣　高堂稱壽　蔡伯喈娶趙五娘為妻，新婚兩個月後，適逢大比之年，其父逼其進京趕考。

分析：主要介紹蔡伯喈與趙五娘，同時點出戲劇的衝突，伯喈之父要伯喈進京趕考，並能考上狀元，才算忠孝兩全，但伯喈新婚且父母年事已高需要照顧，因此不願前往。

第三齣　牛氏規奴　牛丞相之女為婚姻事煩惱。

分析：介紹另一情節線重要人物牛丞相及其女兒，預先安排衝突之伏筆。

第四齣　蔡公逼試　蔡伯喈之父以得功名為大孝觀念再逼蔡伯喈進京趕考，而鄰居張太公也願意協助照顧其家人。

分析：持續加深戲劇的衝突，蔡伯喈之父強逼及鄰居張太公願意主動協助困難，讓蔡伯喈不得不答應進京趕考。

第五齣　南浦囑別　蔡伯喈與趙五娘話別，五娘心理難過，不但夫妻分離，同時留下八十歲父母讓其獨自照顧。

分析：呈現蔡伯喈與趙五娘之間衝突，怨恨丈夫進京趕

考，也埋下五娘必須獨自面對困難及危機的伏筆。

第六齣　丞相教女　牛丞相教其女應學習女工不要玩樂。

分析：持續介紹另一情節線之人物，以利後續故事之安排。

第七齣　才俊登程　眾位秀才準備考試。

分析：為狀元考試情節預做安排，安排其他秀才之出現，主要對比伯喈之才華。

第八齣　文場選士　伯喈參加考試，無論作對、猜謎、唱曲均得第一，而成為狀元。

分析：主要展現伯喈之才華，使其順利成為狀元。

第九齣　臨妝感嘆　趙五娘為成夫之功名，孤單照顧公婆而感嘆不已。

分析：主要展現五娘之偉大，一來成丈夫之功名，二來盡為媳之孝道，而願意吃苦耐勞。

第十齣　杏園春宴　伯喈高中狀元遊街及赴宴，然卻思念在家鄉父母及妻子。

分析：呈現高中狀元的喜樂，但也鋪排思念哀傷之情緒，讓其產生對比。

第十一齣　蔡母嗟兒　面臨飢荒蔡母責怪其子未能照顧。

分析：呈現蔡家面臨餓死的危機，也增加公婆間之衝突。

第十二齣　奉旨招婿　牛丞相將招伯喈為婿。

分析：呈現封建社會的霸權，牛丞相決定伯喈的前途及命運。

第十三齣　官媒議婚　伯喈拒絕成為牛丞相之女婿。

分析：呈現伯喈對愛情的忠貞，及不畏權勢，拒絕成為牛丞相之女婿。

第十四齣　激怒當朝　牛丞相對伯喈之拒婚非常生氣。

分析：伯喈的拒絕讓牛丞相失去顏面，因此氣憤不已。

第十五齣　金閨愁配　牛丞相之女對伯喈拒婚事認為不宜勉強。

分析：呈現牛丞相之女寬懷及善良。

第十六齣　丹陛陳情　伯喈向皇帝辭官未成，痛苦不已。

分析：伯喈為自我的前途努力，希望從皇帝處得到公道，但無奈官官相護，伯喈哀傷不已。

第十七齣　義倉賑濟　因飢荒五娘前往義倉領糧，卻被里正搶走，自殺卻獲救。

分析：呈現當朝的腐敗，民不聊生，本應協助里民的里正卻因貪婪，反搶別人的食物。

第十八齣　再報佳期　媒婆至蔡伯喈處，告知佳期已至。

分析：伯喈努力成空，只有面對現實。

第十九齣　強就鸞凰　伯喈在痛苦情況下成婚。

分析：伯喈娶牛丞相之女，牛丞相志得意滿，伯喈卻痛苦萬分。

第二十齣　勉食姑嫜　婆婆抱怨無佳餚可食，懷疑媳婦私藏。

分析：再次呈現蔡家因飢餓而生存困難，婆婆懷疑媳婦私藏食物。

二十一齣　糟糠自慨　五娘暗躲吃糠，婆婆撞見，於心不忍痛苦而亡，而公公亦病倒。

分析：此齣戲推斷應為小收煞，也就是本齣戲上半部的高潮，五娘遭公婆誤解偷藏食物得以化解，五娘吃糠孝行得以彰顯，但公婆卻激動重病及死亡，整個家庭陷入危機。

二十二齣　琴訴荷池　伯喈彈琴，以新弦及舊弦暗喻原配及新婚妻子，表現內心之困境。

分析：此齣戲藉靠伯喈彈琴陳述其內心之心境，同時以象徵性的手法，將新舊琴弦來比喻原配及新婚妻子之間的關係。

二十三齣　代嘗湯藥　公公病危，五娘煎藥照顧，公公告知，他死後五娘可改嫁，但五娘以烈女不事二夫，拒絕改嫁。

分析：主要呈現五娘感情忠貞的性格，貧賤不能動搖其為婚姻的承諾，依然願意照顧公公，同時也要安葬婆婆。

二十四齣　宦邸憂思　伯喈思念家人，想寄家書回陳留。

分析：也呈現伯喈感情忠貞的性格，雖然伯喈為官及再娶嬌妻，但他依然思念父母及妻子，因此想託人將家書帶回陳留。

二十五齣　祝髮買葬　五娘剪髮換金錢葬公婆。

分析：五娘窮困一無所有，而公婆需要安葬，因此雖然身體髮膚受之父母，也只有犧牲秀髮換得金錢，呈現出五娘的孝心。

二十六齣　拐兒貽誤　騙子為騙財假扮陳留人願帶其家書返鄉。

分析：安排騙子的出現，讓伯喈託家書之夢想破滅

二十七齣　感格墳成　五娘孝行感動上天，玉皇大帝派鬼神協助造墳，安葬其公婆。

分析：安排神自天降的情節，解決五娘無法安葬公婆的危機，呈現孝行不但能感人更能感天，將全劇的主題思想暗示其中，是相當感人的一場戲。

二十八齣　中秋望月　伯喈與牛氏女中秋賞月，但伯喈思念家人，日益傷感。

分析：中秋本應家人團圓，但伯喈卻身在牛府無法返家，更加深其思念之情，內心的痛苦與牛氏女中秋賞月的歡樂之情形成對比。

二十九齣　乞丐尋夫　五娘扮道姑攜琵琶沿途化緣，進京尋夫。

分析：五娘在公婆死後唯一的希望就是能與丈夫團聚，因此不顧路途之遙遠及危險，決定進京尋找丈夫，顯示其個性中堅貞及忍耐的特質。

第三十齣　瞷詢衷情　牛丞相女知伯喈心情，願協助返家。

分析：牛丞相女見丈夫長期之鬱鬱寡歡，因此尋找原因，伯喈說出真相，牛丞相女非但未怪罪，反而積極協助，使伯喈與五娘的團聚之路又向前邁進一步。

三十一齣　幾言諫父　牛丞相女向牛丞相力諫讓伯喈返家。

分析：牛丞相一己之私造成伯喈不得照顧其妻及其自己的父母，牛丞相女深覺父親之決策不當，因此勇於向父親提出，其賢慧之性格由此可見。

三十二齣　路途勞頓　五娘千辛萬苦赴京城。

分析：這是齣過場戲，呈現五娘旅程中的辛苦之情，同時也描繪五娘擔心伯喈變心，其如何自處之困境。

三十三齣　聽女迎親　牛丞相思及其女言之成理，遣院子李旺往陳留，欲接回伯喈家人。

分析：延續幾言諫父此齣戲，牛丞相態度轉變，但僅讓院子李旺往陳留，接回伯喈家人，卻不讓伯喈返鄉，然其態度之軟化，也間接促成大團圓之結局。

三十四齣　寺中遺像　五娘參加法會，不慎遺失公婆畫像。

分析：五娘至寺廟與伯喈未能相遇，但遺失公婆畫像卻為伯喈所拾得，為兩人團圓埋下伏筆。

三十五齣　兩賢相遘　五娘入丞相府中為僕，丞相女知事情原委，寬大為懷願與五娘姊妹相稱。

分析：為了鋪排圓滿的結局，必須讓丞相女與五娘都能寬大為懷，體會雙方的困難，不讓伯喈陷於難以抉擇的困境

中，因此安排姊妹相稱是最佳的安排。

三十六齣　孝婦題真　五娘題詩測夫君之忠誠。

分析：五娘寫詩主要以古代爲官者爲例，有些對妻忠貞，有些則拋妻不顧，歷史自有論斷，五娘希望丈夫以此爲明鏡，能夠團圓方能圓滿。

三十七齣　書館悲逢　五娘伯喈書館相會，兩人互訴悲苦。

分析：這是全劇高潮戲，男女主角在歷經苦難後重逢，兩人的情緒複雜，既歡樂也哀傷，由於丞相女的協助，伯喈得享天倫之樂。

三十八齣　張公遇使　張公遇李旺，兩人談及伯喈三不孝「生不能養，死不能葬，葬不能祭」。分析：交代李旺至陳留尋找伯喈的親人的情節，也藉由張公的觀點，批評伯喈三不孝的惡行。

三十九齣　散髮歸林　伯喈偕五娘與丞相女向丞相辭行，將返回陳留祭拜父母。

分析：伯喈與五娘既以團圓，其次最重要就是盡孝道祭拜父母，而丞相心意的改變，也間接促使返鄉掃墓之行。

第四十齣　李旺回話　李旺告知丞相，尋人未果。

分析：持續交代李旺前往陳留後向丞相稟告結果。

四十一齣　風木餘恨　伯喈偕妻拜墓。

分析：伯喈盡孝道祭拜父母，也算對父母有所交代。

四十二齣　一門旌獎　皇帝下令表揚蔡伯喈及其夫人。

分析：大團圓結局，仍要加上皇帝的褒封，以表揚優秀

的劇中人物。

進一步分析《張協狀元》與《琵琶記》之情節，可以發現相同處計有：

1.男主角都別妻進京求取功名，而讓女主角在家忍受痛苦：《張協狀元》中張協在王貧女協助下進京趕考，但考上後卻棄妻不顧；《琵琶記》中蔡伯喈則將照顧父母責任交給妻子趙五娘，考上狀元後也因丞相從中阻隔，無法返鄉照顧妻子。

2.兩劇的女主角都剪髮換得金錢：《張協狀元》中王貧女剪髮換得金錢，讓丈夫進京趕考；《琵琶記》中趙五娘剪髮換得金錢埋葬公婆。

3.兩位女主角都進京尋夫：《張協狀元》中王貧女進京尋夫卻遭丈夫趕回；《琵琶記》中趙五娘進京尋夫卻與丈夫團圓。

4.男主角都遇上丞相對婚姻作梗：《張協狀元》中宰相王德用欲將其女嫁給張協，但張協拒絕；《琵琶記》中牛丞相卻強迫蔡伯喈接受娶其女兒為妻。

5.都有神明相助的情節：《張協狀元》中神明將男主角救回古廟，《琵琶記》中神明協助趙五娘埋葬公婆。

6.都有熱心助人的人物：《張協狀元》中李大公送食物給王貧女讓其生存，同時安排王貧女與張協成親；《琵琶記》中張大公則協助照顧蔡伯喈家人。

7.結局都是大團圓：《張協狀元》中張協在譚節使斡旋下再娶其妻，夫妻團圓；《琵琶記》中牛丞相女兒協助蔡伯

嗜與其妻團圓，並說服其父親，讓其返鄉掃墓。

至於《張協狀元》與《琵琶記》情節不同處計有：

1.考狀元目的不同：《張協狀元》中的張協因做夢，經圓夢先生析夢後有大富大貴而進京趕考狀元；《琵琶記》中的蔡伯喈則在父親的逼迫下進京趕考狀元，兩人在追求名利的意志上有顯著的不同。

2.丞相女兒命運不同：《張協狀元》中的丞相女兒因張協的拒婆而遭羞辱，後生病而亡；《琵琶記》中的丞相女兒因丞相強勢，而下嫁狀元。

3.狀元妻子命運不同：《張協狀元》中王貧女歷經苦難，遭丈夫拒見、砍殺差點喪失性命；《琵琶記》中的趙五娘則歷經吃糠、葬公婆等苦難，差點餓死。

4.丞相的決定不同：《張協狀元》中的丞相，在張協拒婚後，以致害其女羞愧生病而死，而尋求報仇機會；《琵琶記》中的丞相，在伯喈拒絕後，則面見皇帝請其協助，以致伯喈辭官未成而被迫成婚。

5.狀元父母命運不同：《張協狀元》中的張協高中狀元後完全不理會其父母，但《琵琶記》中的蔡伯喈企圖聯繫父母卻遭欺騙，而父母也因飢荒而死，最後也盡孝道返鄉祭拜。

6.團圓方式不同：《張協狀元》中的張協與妻子團圓主要是被丞相壓力逼迫而成，但《琵琶記》中的蔡伯喈與妻子團圓主要是趙五娘克服萬難上京尋夫及丞相女兒寬容才能完成。

　　而在戲劇衝突方面，《張協狀元》是以張協為中心，張協分別與五磯山強盜衝突，因為強盜殺傷張協；張協與王貧女衝突，因為張協成為官員後，認為王貧女的貧賤將影響其官運前途，因此謀害王貧女；張協與丞相衝突，因拒絕成為其女婿，宰相非常生氣；張協與宰相之女王勝花衝突，因為張協的拒婚，造成王勝花憂鬱而死。劉師效鵬在《永樂大典三本戲文與五大南戲結構比較》論文中提及《張協狀元》在戲劇糾葛的部分產生極為複雜的重疊樣式，包含三部份：

　　（1）貧女思念伊夫，得知其中狀元而尋夫之一連串事件。

　　（2）王府搭采樓、遞絲鞭、召狀元為婿一系列發展。

　　（3）張協途嘆遇考生結伴而行至其中狀元經過。

　　作者將其交錯安排，形成繁複的重疊進行方式，由於張協狀元的拒婚，王勝花羞憤成疾抑鬱以終，造成本劇高潮之一。因張協不認貧女為妻，將其亂棒打出，帶來了衝突並造成平衡改變，形成高潮之二。其次，王德用因亡女之恨，乞判梓州（三十四齣），張協決定殺貧女，斬草除根從而推向更大的危機。當貧女採茶與張協相遇，張協見他又提起往日恩情，拔劍砍殺，揚長而去（四十三齣），平衡再度破壞，為此劇高潮之三。[6]

　　至於《琵琶記》則以蔡伯喈為中心，蔡伯喈分別與其父親衝突，因蔡伯喈之父以得功名為大孝觀念逼蔡伯喈進京趕

---

6 劉師效鵬：《永樂大典三本戲文與五大南戲結構比較》文學評論第三集（台灣：書評書目出版社），頁99。

考；蔡伯喈與牛丞相衝突，因牛丞相要招伯喈爲婿；蔡伯喈與拐兒產生衝突，因騙子爲騙財假扮陳留人願帶其家書返鄉，而事實上只是騙錢，蔡伯喈也與趙五娘衝突，因新婚兩個月就拋妻進京趕考，同時又再娶丞相女，背離丈夫對愛情的忠貞；當然女主角趙五娘也面臨衝突，五娘與里正衝突，飢荒五娘前往義倉領糧，卻被里正搶走；五娘也與其婆婆衝突，因其婆婆抱怨無佳餚可食，懷疑五娘私藏，而事實上五娘只是吃米糠。

　　另外在戲劇創作技巧方面，《琵琶記》較《張協狀元》運用更多的對比技巧，李漁之閒情偶寄中云「⋯如中秋賞月一折，同一月也，出於牛氏之口者，言言歡悅；出於伯喈口者，字字淒涼。一座兩情，兩情一事，此其針線最密者。」[7]；張庚與郭漢城所著之中國戲曲通史中云「⋯戲劇結構嚴謹、鮮明，兩條情節線索交錯發展，互相對照。自蔡伯喈上京赴試後，劇情就兩條線所發展：蔡伯喈和趙五娘，一在京都，一在陳留郡，人物性格發展交叉描寫，兩地生活場景交錯安排，起了強烈的的映襯和對比作用。一邊豪華奢侈、安適優雅的相府生活，一邊吃糠賣髮、家破人亡的農村生活，⋯⋯兩方人物，一樂一悲，一喜一憂，一邊頻於絕望，一邊是希望，一方是無限思念，一方是無限哀怨」。[8]

---

7 李漁：《閒情偶記》 歷代詩史長編二輯（台灣：鼎文書局，民國 63 年）頁 17。
8 張庚、郭漢城：《中國戲劇通史》第一冊（台灣：丹青圖書，民國 74 年）頁 291、292。

肆、結　語

　　綜合上述我們可以發現，宋元南戲《張協狀元》與明傳奇《琵琶記》因時代創作體例不同，宋元南戲《張協狀元》並未分齣，而明傳奇《琵琶記》則分爲四十二齣戲，但無論在家門及大小收煞和大團圓的結局兩齣戲卻是相同，甚至部分的情節如男主角都別妻進京求取功名、女主角都剪髮換得金錢、女主角都進京尋夫等都如出一轍，雖然整個故事外在型式相同但內部情節結構卻呈現不同的意涵，包含考狀元目的、丞相女兒命運、狀元妻子命運、狀元父母的命運等都有不同的安排，不過就故事情節發展合理性而言，《琵琶記》卻是勝過《張協狀元》，不會有張協突然變心出現難以解釋的行爲；而在戲劇創作技巧方面，《琵琶記》較《張協狀元》運用更多的對比技巧，如中秋賞月一折，以賞月心情分別呈現牛氏女的歡悅及伯喈痛苦的對比；至於因爲劇情安排呈現的主題思想，官吏欺壓嘲諷、婦德的高度推崇都是兩劇共同透露的，不過《琵琶記》增加了探討孝行的真義的部分；至於劇情安排對戲劇人物之影響部份，可以發現在男主角方面伯喈比張協善良，至於女主角的部分趙貞娘相較王貧女又多了的任勞任怨與堅貞不移的性格。

元雜劇《殺狗勸夫》與明傳奇
《殺狗記》之比較研究

前　言

　　中國戲曲經常在不同的年代，將同一故事題材，轉換成不同的創作型式，甚至增減其部分內容，在周貽白的《中國戲劇發展史》一書中，就提及中國戲劇題材，雜劇沿襲南戲，傳奇復取材雜劇，皮黃劇更從傳奇、雜劇改編，以趙氏孤兒故事爲例，在宋元南戲時，就有《趙氏孤兒》，到元雜劇時則有《趙氏孤兒冤報》，明傳奇則成爲《八義記》，皮黃劇則有《八義圖》[1]；同樣的殺狗勸夫的故事，在元雜劇有《殺狗勸夫》，明傳奇則有《殺狗記》，會產生此種現象推斷可能當時代的人重視傳統的價值，同時也想再加入想像力讓劇本內容更爲豐富，歷經時代的改變，不同的作者，在不同的時空中，會有那些改變？下面分別就作者生平、故事大綱、情節大綱、戲劇結構、主題思想、人物性格等方面加

1　周貽白：《中國戲劇發展史》（台灣：愗勉出版社，民國 67 年），
　　頁 765。

以分析：

壹、劇作家生活經驗影響創作比較

在元雜劇《殺狗勸夫》劇作家方面，元曲選收錄未置撰者名，清焦循《易余曲錄》據《錄鬼簿》定為蕭德祥作。[2] 至於在明傳奇《殺狗記》劇作家方面，徐㬢，生卒年不詳。字仲由，號巢松病叟。淳安人。洪武初秀才，明太祖朱元璋征召，固辭，隱居不仕，悠遊山水，詩酒渡日，以文章聞名，著有《巢松集》。[3] 因此就作者方面由於存留的資料過少，並無法分析作者之生活經驗對於劇作所產生之影響。

貳、故事大綱之比較

由於元雜劇《殺狗勸夫》與明傳奇《殺狗記》創作體例之不同，因此明傳奇《殺狗記》故事發展的內容明顯的比元雜劇《殺狗勸夫》豐富很多，茲列述於下：

一、元雜劇《殺狗勸夫》故事大綱：宋仁宗時，南京人

---

2 李修生主編：《古本戲曲劇目提要》（台灣：文化藝術出版社，民國66年）頁72。

3 孫安邦、孫蓓：《六十種曲評註》第 21 冊（大陸：吉林人民出版社）頁745。

孫榮，父母雙亡，不務正業，日與歹徒柳龍卿、胡子轉爲
伍，並結爲兄弟。容胞弟華，小名蟲兒，天性孝悌，爲柳胡
所不容，乃離間其骨肉之情，華遂爲榮所逐，在城南破窯中
棲身。一日，值榮生日，蟲兒前往慶賀，榮自與柳胡酣飲，
置蟲兒不顧，且逐之。榮妻楊氏素賢，見狀不忍，乃以善言
慰之。翌日清明，榮邀柳胡等同往掃墓，適蟲兒亦來，遙見
其兄正偕柳胡於墓前酣飲，蟲兒不敢近前，其嫂楊氏見而招
之，始至墓側，榮復起毆蟲兒，蟲兒急退，始罷。此後，榮
與柳胡過從更密。一日，同飲於謝家酒樓，榮醉，倒臥於街
巷大雪中，柳胡乘機盡取其囊中金而去。適蟲兒行經其地，
見而負之返家。榮酒醒，不見囊中金，以爲蟲兒竊去，復痛
責之，並令跪倒雪中，以資懲罰。後柳胡復來，佯謂榮曰
「兄弟大醉，弟等乃負之還家」楊氏云「此謊言也，妾係目
睹蟲兒負員外歸來」柳胡曰「此乃弟等負員外至門口，適遇
蟲兒，故囑其負入。」榮乃深信不疑，稱謝不已。榮妻楊
氏，每念蟲兒受屈，心有未甘，忽新生一計，於鄰居王婆處
索狗一隻，乘榮返家時殺之，斷頭去尾，裹以衣衫，置於門
前。深夜，榮帶醉返家，見門前屍體橫陳，以爲人也，大驚
失色，恐罪及己，欲掩埋之。楊氏謂「可請柳胡協助」。榮
遂往兩人住處協助，柳胡因殺人事大，反臉不理，榮怒且
懼，思欲自盡。楊氏曰「惟有求汝同胞兄弟耳」榮自度平日
對弟寡恩，漸不欲往，楊氏強之，乃與楊氏同赴城南破窯
中，具道所以，蟲兒聞言，欣然允諾，立至其家，負屍埋汴
河堤下。榮感恩其德，自此痛改前非，迎蟲兒返家居住。柳

胡兩人，既知孫榮遭此橫禍，乃藉欲勒索三千金以便滅口，否則將告榮殺人，榮聞言未決，蟲兒曰「寧可見官，有弟在，兄何懼。」於是柳胡向開封尹告榮殺人，蟲兒遽告府尹曰：「殺人者我，非關家兄事。」府尹正欲杖責蟲兒，而楊氏聞訊趕至，詳述殺狗勸夫事，並以王婆爲證。復於汴河堤下掘屍視之，果然狗也。至此真相大白。府尹乃將柳胡告杖九十，以示懲罰。並奏請朝廷表揚楊氏之賢。復授蟲兒爲當地縣令，全案始終。[4]

　　二、明傳奇《殺狗記》故事大綱：劇寫東京人孫榮、孫華兄弟家中富有錢財，因爲父母雙亡，家業由哥哥孫華掌管。孫華同弟弟孫榮、妻子楊氏、侍妾迎春和睦相處，其樂融融。後來結識市井無賴柳龍卿、胡子傳，並不顧弟弟反對，三人結拜爲兄弟，並號稱「賽關張」。孫華從此不務正業，日日與柳胡爲伴，飲酒歡歌。孫榮則刻苦讀書，事兄如父。柳龍卿、胡子傳只是看中孫家的錢財，擔心孫家兄弟一旦和睦，疏遠他們，便設計陷害孫榮，說他買毒藥要謀害親兄。孫華一怒之下，將孫榮趕出家門。楊氏、迎春苦苦相勸，也無濟於事。孫榮借居旅店，因交不起房錢，被剝去衣服趕出店門，投河自盡被救後，暫於破窯內安身，靠乞討勉強度日。一日大雪，孫華和柳、胡飲酒大醉，柳、胡二人趁機偷走了他的羊脂白玉環和銀錢，將他丟在雪地裡，揚長而去。恰適孫榮乞討經過，將哥哥背回家中。孫華醒後，反誣

***

4 羅錦堂：《現存元人雜劇本事考》（台灣：順先出版社），頁 312、
　313

賴孫榮偷走了錢和玉杯，不聽楊氏勸阻，又把孫榮打出家門。在多方勸解無效的情況下，楊氏和迎春設計，買來一條黃狗，殺死後穿上人衣，放在後門，又得家中土地爺暗暗相助，幻化死狗爲人形。孫華酒醉夜歸，見屍大懼，與楊氏商量。楊氏建議去找柳胡二人協助，檯屍掩埋，免生禍端。孫華滿懷信心去請柳胡，不料二人皆託病不來。楊氏又建議孫華去請兄弟孫榮，孫榮概然應允，負屍掩埋。因此，兄弟和好如初，孫華並將家業交付孫榮掌管，並與柳龍卿、胡子傳絕交。柳、胡財路中斷，於是告發孫華殺人、孫榮埋屍。官府緝拿孫家兄弟到案，兩人爭相認罪，楊氏到公堂說明原委，官府掘屍驗證，得以真相大白。府尹王修然上奏朝廷，將柳龍卿、胡子傳杖責充軍，並表封贈楊氏和孫家兄弟。[5]

比較兩劇就故事大綱而言，傳奇《殺狗記》主要增加勸說的部分，孫華妻不斷利用各種方式及手段，希望其丈夫能迷途知返，使劇情發展較爲曲折，其餘故事開展及結局均相同。

參、情節大綱之比較

　　高禎臨在《明傳奇戲劇情節研究》一書中提及「一部戲劇的最主要重點是在表現一段曲折起伏的故事情節，展現一段扣人心弦的激烈衝突，也可能是在創造一個經典的戲劇人

---

5 孫安邦、孫蓓：《六十種曲評註》第 21 冊（大陸：吉林人民出版社），頁 523

物，亦有可能作家僅求將自己所欲展現的思想旨趣充分傳達，重點固有差異，但在整體結構內涵上皆是不可割捨的。情節的具體展現與細膩的鋪排有助於劇作主題思想充分展現，人物性格的凸顯一樣依賴其行為、對話及與他人之間的互動來達成，每一事項皆是戲劇中不可或缺的重要元素；也或者說，每一項要素皆能兼顧者，才得以算是一齣成功的戲劇。」[6]情節之發展就全劇而言非常重要，因此分別分析兩齣戲之情節大綱，並敘述每一情節之功能目的，茲分列於下：

一、元雜劇《殺狗勸夫》：全劇以四折加一楔子的形式呈現。

楔子 —— 孫榮邀柳龍卿、胡子傳一同慶壽，但其弟孫華前來拜壽卻反遭歐打。

分析：介紹人物及時代背景，同時點出戲劇的衝突及危機，孫華、孫榮兄弟不合，孫華遭到欺負。

第一折 —— 孫榮清明至墓地祭拜父母，柳龍卿、胡子傳又陷害說孫華在墳外紮紙人咒死孫榮，因此孫榮又再度歐打孫華，孫華只得在旁祭拜。

分析：將戲劇危機進一步的擴大，哥哥孫榮在惡友柳龍卿、胡子傳的挑撥下，再度欺負其弟孫華。

第二折 —— 孫榮與柳龍卿、胡子傳在謝家樓飲宴，孫榮酒醉遭柳龍卿、胡子傳陷害棄置雪地，幸孫華路過救之回

6 高禎臨：《明傳奇戲劇情節研究》（台灣：文津出版社，民國 94 年 5 月）頁 211。

家,孫榮清醒後反誣其害,又毆打孫華。

分析:讓惡友柳龍卿、胡子傳露出真面目,進而陷害孫榮,同時也展現其弟孫華的寬容之心,將陷於危險的哥哥救回家,但又遭誤解,戲劇的危機及衝突持續擴大。

第三折 —— 孫榮妻借鄰狗殺之並穿以人衣,孫榮夜返遇而驚恐,遂請柳龍卿、胡子傳協助遭拒,在妻勸說下請其弟幫忙,兄弟和好。

分析:展現孫榮妻之智慧,想出以殺狗勸夫的妙計,而讓惡友原形曝露,孫榮只得求助其弟,而使兩人復合。

第四折 —— 柳龍卿、胡子傳威脅不給錢財,將棄屍之事告官,兩兄弟不畏,告官後孫華願頂罪,後經開封府尹查明後,柳胡二人被杖打九十大板,孫華被封為當地縣令。

分析:呈現惡人之狡詐,欲再度陷害孫家兄弟,但惡有惡報兩人分別遭到處罰。

二、明傳奇《殺狗記》:全劇分為三十六齣。

第一齣　家門大意　末講述故事大綱。

分析:此齣戲為家門,所謂略道家門便見戲文大意,安排末腳出場講述故事大綱,將重要的人物及重要的情節在此齣戲中呈現,讓觀眾有初步認識了解,就以下場詩為例,四個人物四個重要的抉擇,影響全劇的劇情發展,「兩喬人全無仁義,蠢員外不辨親疏,孫二郎破窯風雪,楊玉真殺狗勸夫」,柳龍卿與胡子傳兩個壞人不斷設計陷害,讓孫氏兄弟陷於危險,而孫華居然相信惡友之言,不信親弟建言,竟然趕走親弟讓其居住破窯,最後其妻想出殺狗勸夫妙計,解除

家庭危難。

第二齣　諫兄觸怒　孫華結交惡友，孫榮力勸。

分析：此齣戲主要介紹劇中主要人物孫華、孫榮，同時點出兄弟兩人為結交惡友而產生衝突。

第三齣　蔣園結義　孫華與惡友柳龍卿與胡子傳義結金蘭。

分析：此齣戲主要介紹的孫華的惡友柳龍卿與胡子傳，兩人偷吃酒肉、奉迎拍馬、自吹自擂，但孫華還是與其義結金蘭，埋下後續危機的伏筆。

第四齣　妻妾共議　孫華妻楊月真擔心丈夫遭惡友陷害。

分析：此齣戲介紹孫華妻楊月真及妾迎春，兩人擔心孫華結交惡友對其家庭之影響。

第五齣　孫榮自嘆　孫榮擔心與其兄之關係。

分析：此齣戲藉靠孫榮自嘆點出他可能遭遇的危機，與第四齣戲相同，孫華結交惡友對整個家庭必然引發衝突。

第六齣　喬人行譎　柳胡二人傳設計騙孫華，說其弟將謀害他，奪其妻子及財產，於是孫榮被趕出家門，並丟一本書給他做路費，嘲諷讀書人。

分析：此齣戲主要呈現害人的謀略及引發孫榮與孫華的直接衝突，惡友柳龍卿與胡子傳想出誣陷害人的謀略「孫榮買毒藥將毒死孫華霸佔家產及其妻」，而孫華居然相信，因此決定將其弟趕出家門，而最嘲諷的是孫榮要求盤纏，而孫華只丟一本破書給他做盤纏，並說書中自有黃金屋、千鍾

栗，對讀書人而言何其難堪，但孫榮忍辱吞聲，柳龍卿與胡
子傳卻一旁高興，卻也點出孫華家中的危機。

第七齣　孫華拒諫　楊月真苦勸丈夫孫華，但孫華不
聽。

分析：延續第四齣戲妻妾共議，楊月真意識危機的嚴重
性，因此勸說其丈夫勿信惡友之言，許多事親眼看過都未必
真實，更何況是背後之言，而且其弟是讀書人，是只有尊敬
兄長之心，那有害人的意思，希望其回心轉意，但孫華不信
並怒目以對。

第八齣　旅店借居　孫榮被趕出家門投宿旅店。

分析：呈現孫榮被趕出後的困境，雖然是讀書人，卻是
如此的無助，投宿也只能住低等房，同時藉著孫榮的窮困痛
苦對比下一齣戲孫華的富貴與歡樂。

第九齣　孫華家宴　孫華與其妻共享美食及美景。

分析：孫華在家中花園享受著美食同時也享受著團圓之
樂，美食及美景對比著飢餓與孤獨。

第十齣　王婆逐客　孫榮未付房租，被趕出投宿旅店，
本欲投水自盡，幸為孫老公公所救，寄居破窯。

分析：製造戲劇的危機，讓孫榮遭受前所未有的苦難，
欠房錢遭人趕出同時被毒打剝衣，面對毫無希望的人生，決
定投河自殺一途，就在危機之時，幸好孫公公出現解救，並
將其安排居住破窯濟助食物，化解死亡的危機；另此齣戲安
排吊場，讓孫公公批評孫華的惡行，包含其住高堂大廈，讓
其弟寄居破窯，在家中快樂，讓其弟孤獨痛苦，享受美食美

酒，讓其弟吃粗茶淡飯，穿綾羅錦繡的衣服，讓其弟穿破服破衣，是個不顧兄弟之情只交酒肉朋友不仁不義之人。

第十一齣　窯中受困　孫榮住在破窯自嘆。

分析：呈現孫榮的苦況，天下大雪只穿薄衣，也呈現其後悔只知讀書，卻毫無生活能力，所讀詩書卻換不到柴米，非常懊悔。

第十二齣　雪中救兄　孫華為惡友所害倒臥雪地，孫榮救之。

分析：此齣戲呈現出柳龍卿與胡子傳猙獰的面目，竟然陷害好友孫華將其棄置雪地，同時偷走其羊脂白玉環，對比著第三齣蔣園結義中，柳龍卿與胡子傳願為朋友犧牲生命的承諾是何其嘲諷的對比，另安排戲劇的巧合讓孫榮剛好遇到倒臥雪中的哥哥，一方面解除孫華被凍死的危機，另一方面則展現孫榮心懷善良寬大為懷的性格。

第十三齣　歸家被逐　孫榮再度被其兄誤解，又遭趕離家門。

分析：此齣戲呈現孫華的無理與殘暴，救命恩人反被誤認為小偷，又換來一陣毒打，何其冤枉，但孫榮都默默承受。

第十四齣　喬人算賬　柳胡二人盤算如何花用從孫華身上謀奪而來之羊脂白玉環。

分析：此齣戲純為插科打諢的戲，柳龍卿與胡子傳對於偷來之羊脂白玉環有無限的期望，因為會使其變為富人，但意外的是羊脂白玉環摔碎了，所有的夢想也消失，把小人物

渴望發財夢想做一詳盡描述。

第十五齣　妻妾嘆夫　孫華之妻妾為孫榮抱不平。

分析：此齣戲延續第四齣妻妾共議的戲，其妻妾評斷其丈夫行為的錯誤。

第十六齣　吳忠看主　孫家僕人吳忠見孫榮，告知會苦盡甘來。

分析：此齣戲是從僕人的角度去論斷孫華不當的威權行為，同時也呈現僕人對主人的報恩，僕人吳忠的收入必然很少，但卻願意將十貫錢給孫榮，顯示出僕人的忠心與愛心。

第十七齣　看書苦諫　孫華妻妾以歷史故事勸說孫華。

分析：此齣戲孫華的妻妾楊月真與迎春分別以歷史上兄弟友愛的故事來勸說丈夫，希望能回心轉意，包含楚昭王為手足之情犧牲妻子、孩子救其弟的故事，及王覽為盜匪所捉，其兄王祥願意替死犧牲的故事，藉靠歷史人物來對比孫華行為之不當。

第十八齣　窯中拒奸　柳胡二人設計挑撥孫榮，孫榮不為所動。

分析：此齣戲再次呈現柳胡二人挑撥離間的本事，希望孫榮能控告孫華霸佔家產，以便兩人能從中獲利，但孫榮不為所動，壞人的奸惡能見縫插針製造衝突，此齣戲有細膩的描寫。

第十九齣　計請王老　孫華妻妾請長老王老實勸說。

分析：此齣戲安排再次強調勸諫的功能，楊月真希望利用人敬老尊賢的心理，請出九十三歲長輩王老實來勸說孫

華，希望藉靠其威望與經驗，讓孫華回心轉意。

　　第二十齣　安童請命　安童奉夫人之命前去請王老實勸說。

　　分析：此齣為過場戲，一方面為王老實的自我介紹，另一方面為安童奉夫人之命要請王老實到家中來。

　　二十一齣　花園遊賞　孫華妻勸孫華上墳祭拜父母。

　　分析：為清明節上墳的戲預作伏筆，希望藉靠上墳看在父母面上，兩兄弟能和好，此齣戲安排孫華與其妻遊後花園歡樂的氣氛，暫時緩解衝突的緊張。

　　二十二齣　孫榮奠墓　孫榮上墳祭拜父母遇孫華，卻遭其欺負，家僕將孫榮毆打。

　　分析：呈現中國人清明掃墓孝道的觀念，孫榮上墳祭拜父母，卻遇到家中僕人安童，勢利眼的安童見落魄的孫榮上前毆打，無視其為曾經照顧過他的主人，當然情節中也安排對比，另一僕人吳忠出現，照顧被毆打的主人，忠僕與惡僕呈現人性的多種層面。

　　二十三齣　王老諫主　王老以採樵圖兄弟團結故事勸說孫華。

　　分析：柳龍卿與胡子傳兩人又來奉迎拍馬，藉上墳拉攏關係，同時柳龍卿假裝孫華的父親孫豪的靈魂附身，告知孫華要好好照顧柳胡二人，再次運用欺騙的手段，將惡人惡行描繪更深，後王老實出現，以一幅勸世圖，田慶、田廣、田真三兄弟友愛不分家的故事來勸說孫華，但孫華不為所動。

　　二十四齣　謀殺孫榮　孫華氣極，派吳忠謀殺孫榮。

　　分析：再度製造戲劇危機，讓孫榮陷於危險之中，同時將孫華心狠毒辣性格深刻描繪，孫華派吳忠謀殺孫榮前，其妻楊月真再度勸阻，但一意孤行孫華卻不聽勸解，因而楊月真必須以更積極手段才有可能挽救其家庭危機，進而想出殺狗勸夫的妙計。

　　二十五齣　月真買狗　孫華妻想出殺狗勸夫的計謀。

　　分析：此齣戲是全劇由悲劇結局轉喜劇結局重要關鍵，月真安排殺黃狗穿人衣，將其放置後門，丈夫返家發現驚恐，必然求助好友柳胡二人，而貪生怕死的惡友當然會拒絕協助，如此孫華就會認識柳胡二人之真面目，丈夫的悔改就會解除家庭危機，月真的謀略相當高明。

　　二十六齣　土地顯化　土地公出現，將狗屍變成人屍。

　　分析：運用神自天降的手法來解除危機，因月真的賢德，所以土地公協助將狗屍變為人屍，主要呈現人助天助及好人好報的主題思想。

　　二十七齣　見狗驚心　孫華喝醉返家見屍體而驚恐。

　　分析：孫華返家見屍體果然驚恐，月真乘機告知請柳胡二人協助，孫華於是匆匆而去，事情之發展一如預期。

　　二十八齣　喬人負心　孫華求助柳胡兩人協助埋屍遭拒。

　　分析：此齣戲將柳胡二人奸惡再度深刻描繪，兩人只是能共享富貴不能共患難的雞鳴狗盜之徒，孫華求助時，柳龍卿以犯了驚心病拒絕，而胡子傳以閃了腰迴避，至此孫華認清柳胡二人的真面目。

二十九齣　院君回話　孫華無策，月真建議找孫榮協助。

分析：孫華遭受挫折徬徨無依不知如何處理後續時，月真建議找孫榮協助時，孫華也不得不答應，但是他也擔心懊悔自己已派吳忠去殺孫榮，內心的思緒必然複雜。

第三十齣　吳忠仗義　吳忠不願殺孫榮，並加以協助。

分析：吳忠不願殺小主人，但卻陷入兩難，因為「奴婢殺主，官法不赦，不殺又背義忘恩」因此他想出將一錠鈔給孫榮請其逃跑的方法，讓整個戲劇危機又有轉折的機會。

三十一齣　夫婦叩窯　孫華來破窯請孫榮協助，孫榮答應。

分析：孫華與孫榮再度碰面，兩條發展的情節線又合在一起，而孫榮的寬宏大量更是讓事情有圓滿的結局，孫榮答應協助埋屍，兄弟兩人和好，此時吳忠才前來，因此謀害問題已不復存在。

三十二齣　迎春私嘆　孫華妾讚楊月真之謀略。

分析：藉靠迎春的自白作者對兄弟合好及楊月真賢達給予高度的肯定。

三十三齣　親弟移屍　孫榮協助其兄埋葬屍體。

分析：主要呈現兄弟之情，孫榮埋屍後，孫榮原要返回破窯，但孫華告知要將全部的家產都給孫榮，顯見孫華已徹底悔改，將孫榮視為至親。

三十四齣　拒絕喬人　柳胡兩人又來威脅，孫華不為所動。

　　分析：對柳胡二人奸惡做最後的描繪，果然利用威脅的手段要求與孫氏兄弟和好，但遭拒絕後果然前去告官，毫無一絲的情感，奸惡至極。

　　三十五齣　斷明殺狗　柳胡兩人告官，說其兩兄弟殺人，開封府尹查明並非屬實，柳胡兩人遭廷杖並關入監獄。

　　分析：對於孫氏兄弟與柳胡二人之糾葛至此做一了斷，同時也呈現惡有惡報，柳胡兩人遭廷杖，讓觀眾氣憤的情緒也可以得到紓解。

　　三十六齣　孝友褒封　皇帝表揚孫華孫榮。

　　分析：大團圓的結局，孫華因悔過而能兄弟敦睦對社會教化有幫助，因此皇帝將其封為中牟縣尹，其妻楊月真被封為賢德夫人，而孫榮因無怨無悔且見義勇為，而被封為陳留縣尹，全劇在歡樂中結束。

　　藉由其情節之比較，與明傳奇《殺狗記》顯然較元雜劇《殺狗勸夫》在情節方面增加許多，經分析計有：

　　1.孫榮受苦的情節：孫榮被哥哥趕出家門一直受苦，從欠錢無法付旅店房錢，並哀怨跳水幸為孫老公公所阻，而暫居破窯艱苦度日。

　　2.勸說的情節：孫華的妻妾以歷史故事楚昭王愛護其弟來勸說，無效後又請長輩王老實以採樵圖田家三兄弟團結故事勸說，但均無效果。

　　3.僕人仗義情節：孫家僕人吳忠受孫華之命要殺孫榮，但吳忠卻基於正義，未殺孫榮，反而用金錢濟助孫榮讓其逃走。

　　4.土地公顯化情節：為使孫華確信家中門口的屍體，安

排土地公出現，將狗屍變爲人屍。

5.插科打諢情節：爲增加劇中趣味性，安排淨丑柳龍卿胡子傳兩人插科打諢，偷祭拜的食物及計算偷得羊脂白玉環可換多少金錢等情節。

6.戲劇的結局：在元雜劇結局中，孫榮本應杖打四十大板，因爲其妻賢慧而免打，而孫華則授爲縣令，柳龍卿胡子傳兩人則被杖打九十大板，而在明傳奇結局中，皇上下令，因其兄弟和睦，孫榮則被授爲陳留縣尹，孫華則被授爲中牟縣尹，其妻楊月真被封爲賢德夫人，柳龍卿胡子傳兩人則被杖打後至邊疆充軍。

肆、戲劇結構之比較

一、情節線架構

1.元雜劇《殺狗勸夫》：周貽白的《中國戲劇發展史》一書中，就提及元劇最可異的形式，便是自始至終只有一個「末」或一個「旦」有唱詞，其餘的腳色都只有賓白。[7]因此情節之發展必環繞於主要人物，元雜劇《殺狗勸夫》主要人物爲孫二，爲正末腳色，因此其情節線之發展則環繞於孫二這個人物，包含拜壽遭歐打、墓地祭拜父母又再度遭歐

---

7 周貽白：《中國戲劇發展史》（台灣：愐勉出版社，民國 67 年），頁 280

打、救其兄回家卻遭誣害、以及至最後幫忙其兄而兄弟和好等一連串情節。

　　2.明傳奇《殺狗記》：林鶴宜教授在《論明清傳奇敘事程式性》論文中，提及結構性程式觀念，一部傳奇的情節線包括生、旦相互感應、對稱、配合的兩條「主情節線」；加上一條用來調劑文武鬧靜或誇逞生腳韜略的「武戲情節線」；視故事不同，又可搭配一條反面人物行動的「對立情節線」；或是一條正面人物幫助生旦的「輔助情節線」。這五條線的組合，可以說是傳奇敘事程式的基架，然而唯有生旦兩條主情節線才是結構所需，其餘可以視需要斟酌加減。[8]以此論點來分析明傳奇之《殺狗記》，可以發現主要人物為孫華，而其主要事件為孫華結交惡友，兄弟失和，其妻王月貞以殺狗妙計而使全家團圓，整個戲劇的動作可說是「孫華交惡友，其妻其弟努力勸回的一系列發展」，整個戲的主情節線分別以生旦為中心，在生的部份，主情節線分別串聯下列各齣戲，孫華交惡友其弟勸阻的「諫兄觸怒」、孫華與惡友發誓結為兄弟的「蔣園結義」、不聽其妻所勸的「孫華拒諫」、「看書苦諫」、不聽老僕所勸的「王老諫主」、命僕謀害其弟的「謀殺孫榮」、因酒醉誤認狗屍為人屍的「見狗驚心」、求助惡友協助而遭拒絕的「喬人負心」、求助無門只得反求其弟的「夫婦叩院」、拒絕再受惡友威脅的「拒絕喬人」、全家再度團圓受封的「孝友褒封」；在旦的部

8　林鶴宜：《論明清傳奇敘事程式性》（明清戲曲國際研討會論文集中央研究院文哲所籌備處　民國87年），頁151。

份,主情節線分別串聯下列各齣戲,與妾共同商議如何勸夫的「妻妾共議」、力勸丈夫的「孫華拒諫」、「看書苦諫」、安排老僕勸諫其夫的「計請王老」、想出殺狗妙計的「月貞買狗」、陪同丈夫拜訪其弟的「夫婦叩院」;在對立情節線方面,則以惡人淨(柳隆卿)丑(胡子傳)爲中心,包含挑撥離間、設計誣陷的情節,包含「喬人行潛」、「喬人算賬」、「窯中拒奸」、「拒絕喬人」等,而遇事則推託裝病無法協助朋友的「喬人負心」,更顯其凶惡本性;在輔助情節線方面,則以小生(孫榮)爲中心,分別串聯下列各齣戲,包含力勸其兄不要與惡友交往的「諫兄觸怒」、哀傷自嘆的「孫榮自嘆」、遭兄逐出家門的「喬人行潛」、流落在外忍受痛苦的「旅店借居」、「王婆逐客」、及「窯中受困」,不計前嫌雪地救兄反遭誣陷的「雪中救兄」及「歸家被逐」、不受惡人挑撥的「窯中拒奸」、祭拜父母反遭僕人欺凌的「孫榮奠墓」、答應兄嫂協助棄屍的「夫婦叩窯」、「窯中拒奸」,最後皇帝封官的「孝友褒封」。

二、戲劇時空的安排

　　由於戲劇受到場地的限制,除了在缺乏背景觀念的舞台上外,一般均需集中到一個或少數幾個的場地內,過多便會遭遇到演出上之困難,這便是戲劇在先天上所受時空限制。[9]由於中國戲曲採象徵式的表演,藉靠演員對白或肢體表

---

9 姚一葦:《戲劇論集》(台灣:開明書局,民國 58 年)頁 51。

演，再訴諸觀眾的想像，就可清楚表達出戲劇的時空，因此中國戲曲在時空的運用就相當的靈活，而在元雜劇《殺狗勸夫》與明傳奇《殺狗記》這兩齣戲其戲劇時空安排分述於下：

1.元雜劇《殺狗勸夫》：戲劇時空安排緊湊，在楔子轉第一折，戲劇時間只差一日，空間由孫榮家轉至墓地，在第一折轉第二折，戲劇時間也是隔一日，空間由謝家樓至雪地再轉回孫榮家，在第二折轉第三折，戲劇時間是當晚，地點仍為孫榮家，在第三折轉第四折，戲劇時間是隔兩日，地點則為開封府，因此整個故事時間壓縮在四天內，而空間也只運用孫榮家、墓地、謝家樓及開封府四個地點。

2.明傳奇《殺狗記》：戲劇時空安排則較為繁複，從第二齣諫兄觸怒到第三十六齣孝友褒封，其戲劇時間至少有一個月以上，因為必需安排妻妾勸說、長輩勸說、吳忠仗義等情節進展時間，至於地點則包含有孫榮家、旅店、破窯、雪地、王老實家、墓地、柳龍卿、胡子傳家、開封府等。

比較兩齣戲明顯可以看出明傳奇《殺狗記》比元雜劇《殺狗勸夫》在時空運用增加許多，其目的就是要發展更多的戲劇情節。

三、戲劇衝突安排

姚一葦先生所著戲劇原理一書中，提及布魯尼提耶（Ferdinard Brunetiere）的理論戲劇為表現人的意志對某一目標的追求，而且此一追求的行為是自覺的；當意志遭遇

到阻礙時變產生衝突，無論阻礙能否逾越，皆從而產生戲劇。[10]因此戲劇衝突是否安排妥適關係著戲劇是否成功，分析兩劇之戲劇衝突分別爲：

1.元雜劇《殺狗勸夫》：以孫二爲中心分別與其他人物衝突，孫榮因受惡友柳龍卿胡子傳二人的蠱惑，與其弟孫二產生衝突，孫二向其兄拜壽遭其毆打，清明上墳也遭其毆打，雪地救兄返家也遭毆打；另孫榮也與其妻衝突，因其妻鄰居借狗殺之，並穿以人衣，藉以驚嚇他；當然孫榮也與惡友柳龍卿胡子傳二人衝突，一方面他們陷害孫榮，當孫榮了解柳胡二人真相，他兩人又來威脅詐財時，只有告官一途。

2.明傳奇《殺狗記》：以孫華爲中心分別與其他人物衝突，孫華與其弟產生衝突，主要是孫華結交惡友柳胡二人，而孫榮苦勸不聽；與其妻楊月真衝突，亦係孫華結交惡友柳胡二人，同時對其弟弟惡劣之做法，楊月真亦苦勸不聽；與柳胡二人之衝突，則在於兩惡人對其謀害，及不願在其危難時相助；孫華也與長輩王老實產生衝突，因王老實也勸說希望他能與其弟能和好；至於在孫榮的部分，除與其兄爲交惡友事產生衝突外，亦與柳胡二人產生衝突，因柳胡二人從中挑撥及陷害；另孫榮也與店主婆衝突，因店主婆強逼要其房錢；孫榮也與吳忠衝突，因吳忠受孫華之命要殺害孫榮；除人物與人物間的衝突外，並有人物內心的衝突，在孫榮的內心，當遇見其兄倒臥雪地時，是救兄？亦或棄之以報前仇？

---

10 姚一葦：《戲劇原理》（台灣：書林出版公司，民國81年）頁29。

抉擇後基於兄弟之義而救之,而在其兄請求其協助移屍時,是答應?或拒絕?孫榮的內心都經過一番爭扎,由於其寬大之胸懷原諒其兄,再次幫助孫華埋屍;而在孫華的部分,其弟及其妻都勸其不要結交惡友,但惡友也從中挑撥,孫華也必陷於抉擇,但他卻依然固我;而在楊月真的部分,到底是謹守婦德聽夫之命,抑或思計苦勸丈夫,都經過內心深思熟慮,最後想出殺狗妙計。

四、戲劇對比技巧的運用

李漁在《閒情偶寄》一書中批評琵琶記劇本時曾提及戲劇對比的觀念,「如中秋賞月一折,同一月也,出於牛氏之口者,言言歡悅;出於伯喈之口者,字字淒涼。一座兩情,兩情一事,此其針線之最密者。」[11]讓歡悅與淒涼造成對比,在元雜劇《殺狗勸夫》一劇中,楔子呈現孫榮慶壽歡悅心情,但其弟孫華前來拜壽卻反遭歐打,喜悅對比著哀傷;第一折孫榮清明至墓地祭拜父母,原本孫華期望藉清明掃墓期待團圓,但柳龍卿、胡子傳又陷害說孫華在墳外紮紙人咒死孫榮,因此孫榮又再度歐打孫華,團圓破滅,對比著分離又再度出現;到第四折,孫華因兄友弟恭之德行被封為當地縣令,對比著惡人被杖打九十大板。

在明傳奇《殺狗記》中,我們亦可發現運用戲劇對比技巧,也就是將歷史故事串入情節做對比,在劇中的第十七齣

---

11 李漁:《閒情偶寄》卷一　歷代詩史長篇二輯(台灣:鼎文書局,民國 63 年)頁 17。

「看書苦諫」中，楊月真分別以楚昭王和王祥友愛其弟的故事來勸解孫華，在第二十三齣「王老諫主」中，長輩王老實以「探樵圖」中三兄弟相親相愛的故事，來勸解孫華要與兄弟和好；當然也運用情節之情境來作對比，在劇中的第八齣戲，孫榮遭孫華趕出家門落魄旅店，生活無以爲繼，但在第九齣戲，孫華卻與其妻妾共享美食，飢餓與奢侈的情境對比極爲明顯。

五、插科打諢之運用

明傳奇《殺狗記》較元雜劇《殺狗勸夫》在情節推動有不同之點，在於經常安排有插科打諢，何謂插科打諢呢？據徐渭的說法「科者，相見作揖，進拜舞蹈、坐、跪之類，身之所行，皆謂之科，諢者，於唱白之際，出一可笑之語，以誘坐客，如水之渾渾也。」[12]李漁云：「插科打諢，填詞之末技也。然欲雅、俗同歡，智愚共賞，則當全在此處留神。文字佳，情節佳，而科諢不佳，非特俗人怕看，即雅人韻士，亦有瞌睡之時，科諢乃看戲之人蔘湯也，養精益神，使人不倦，全在於此，可作小道觀乎？」[13]王驥德亦云「在曲冷不鬧場處，得淨、丑間插一科，可博人哄堂，亦是戲劇的眼目」[14]，如第三齣「蔣園結義」中，惡人柳龍卿（淨）、

---

12 徐渭：《南詞敘錄》　歷代詩史長編二輯（台灣：鼎文書局，民國63年2月）頁320。

13 李漁：《閒情偶記》卷三　歷代詩史長編二輯（台灣：鼎文書局，民國63年）頁61。

14 王驥德：《曲律》卷三　歷代詩史長編二輯（台灣：鼎文書局，民國63年）頁52。

胡子傳（丑）兩人偷吃酒菜互相打鬧：

　　淨：今早出來還不曾吃飯，腹中甚是飢餓，莫若我先偷
吃酒菜。

　　丑：只怕大哥來見了不好。

　　淨：這個何難，都推在吳忠身上。

　　丑：有人來了如何處理？

　　淨：如今一個看人一個吃，如有人來咳嗽爲記。

　　丑：那個先去看人？

　　淨：你先去看人，我去吃酒，我吃完了替你來。

　　（淨吃介）告飲了。

　　丑：偷酒吃還有許多禮教。

　　淨：自古道禮不可缺。（又吃介）

　　丑：他只管吃，竟不替我去吃，不免哄他一哄。

　　（丑咳嗽介淨驚介）

　　淨：兄弟有人來麼？

　　丑：沒有。

　　淨：你爲何咳嗽？

　　丑：若不咳嗽，你連桌子都吃下去了。

又在第十四齣戲「喬人算賬」中，柳龍卿與胡子傳兩人
將竊得之羊脂白玉環打算賣掉後放高利貸，預計十年後可成
爲富貴人家，結果兩人卻因搶奪而將玉環摔碎，一切幻影成
空：

　　丑：不如將玉環賣了七錠鈔，把三錠鈔湊成十錠，放上
十年債，和本算利，我和你做個大人家。

淨：說的是，到那裡去算？

丑：前面土地堂裏去算。

丑：如今你拿出來等我看一看。

淨：在這裡。

丑：拿來。

（奪看跌碎介）

淨：兄弟叫聲屈，拾了黃金變成鐵。

丑：阿哥叫聲苦，拾了黃金變成土。

六、大小收煞的安排

明傳奇《殺狗記》較元雜劇《殺狗勸夫》在戲劇高潮的安排有所不同，就是有大小收煞的安排，明傳奇戲劇結構中非常特別就是大小收煞的安排，王安祈教授在其《明代傳奇之劇場及其藝術》一書中提及「傳奇的作者在選取題材，架構故事時，總要安排劇中人歷經離合、嚐盡悲歡、曲折複雜以引人入勝，因此劇本篇幅勢必較長，齣數相對的多，才能容納複雜的故事內容，不少作者在編劇時，已考慮實際演出的問題，所以傳奇劇本都有上下兩卷，分兩天演完，上半部結束時叫小收煞，下半部團圓叫大收煞」，[15]因此依此推斷《殺狗記》的小收煞應爲第二十四齣「謀殺孫榮」，因孫華氣極派僕人吳忠暗殺其弟，造成戲劇危機及懸疑，觀眾會關切情節後續發展，至於大收煞則爲第三十六齣「孝友褒

---

15 王安祈：《明代傳奇之劇場及其藝術》（台灣：學生書局）頁 67

封」，因兄弟團圓和好如初，兩人分別受封爲縣尹。

七、神自天降手法運用

　　明傳奇戲劇結構中，戲劇危機轉折常用神自天降的手法，例如在琵琶記第二十五齣「感格墳成」中，趙五娘無法獨自完葬公婆，於是情節安排玉皇大帝派猿虎鬼神協助安葬的工作，解除其困難危機，同樣的在《殺狗記》第二十六齣「土地顯化」中，土地公將狗屍變爲人屍，使孫華心生恐懼，進而聽月真之勸，也使全劇有圓滿之轉機，因此藉由上述，我們可發現明傳奇劇本運用神力顯現導引戲劇情節之發展，固然化解戲劇危機，但也使劇本充滿了宗教的色彩，同時也失去情節的真實性。反觀元雜劇《殺狗勸夫》則只安排楊月真殺狗後去頭尾，並穿上人衣帽，並無神仙出現的情境。

伍、主題思想之比較

　　鄧綏寧教授在其《編劇方法論》一書中提及，戲劇主題即戲劇中所含主要題旨，更明白的說所謂戲劇主題，就是作者透過戲劇的故事情節以及對話等，所表達的中心思想。[16]因此觀眾在欣賞一齣戲時，自然能運用自身之經驗去體會劇

---

16 鄧綏寧：《編劇方法論》（台灣：國立編譯館，民國68年）頁41

作家想要表達之思想。

元雜劇《殺狗勸夫》與明傳奇《殺狗記》由於故事情節幾乎完全相近，因此在主題思想方面，也大致相同，相同的部分包含有：

一、強調兄友弟恭，家和萬事興：由於孫大與孫二兄弟衝突，造成家庭分裂，惡友又陷害孫華，造成家庭危機，幸賴孫大妻以殺狗之計，讓孫華認清真相，而其弟也寬大為懷，兄弟兩人合好，而孫二也為官受封。

二、交友謹慎，提防小人：孫大交惡友，不但受挑撥趕走其弟，同時惡友又再謀害，讓孫大失財，也差點喪失生命；而在孫大遭受危難時，惡友無法提供協助，同時在無法取得利益時，更再度誣告陷害，狠毒可見一般。

三、巧計解困，化解危機：楊月真面臨家庭危機時，運用不同的方式企圖勸回丈夫，但無具體的效果，後思索出殺黃狗穿人衣冒充人屍體時，以讓丈夫驚恐，好讓其求助惡友無效時，進而認識惡友真面目，憤而與惡友決裂，藉以化解此場危機。

由於《殺狗記》增加許多勸說情節，因此在主題思想方面也更為豐富，增加有：

一、歷史為明鏡，決策需參考：孫大棄弟之惡行，楊月真以歷史故事中，楚昭王愛護其弟的事件來提醒他，而長輩王老實也以採樵圖田廣三兄弟友愛的故事來供其思考。

二、自助者天亦助之：楊月真積極勸夫解決家庭危機，其努力之精神感動上天，在殺狗後土地公出現，將狗屍變成

人屍，使得孫華更爲驚恐，因而想趕快解決屍體事件，才認識柳胡二人的真面目。

此外余秋雨先生在其《中國戲劇文化史述》一書中也提及《殺狗記》的主題思想，它在表現孫華驅逐弟弟時也暴露了封建家長制的殘暴、無理和違反正常人情，在於它在表現假屍事件時也順帶嘲諷了孫華昔日的肆虐和今日狼狽，嘲諷了他在以德抱怨的弟弟面前的尷尬情狀，在於他在表現孫華的遭遇時比較充分展示了市井無賴、酒肉朋友們的無信、無義、無聊、缺德，從而讓人們看到了一幅陰森恐怖的世態圖畫。[17]

陸、劇中人物分析比較

由於兩劇以不同的創作形式再加上情節之不同，自然在人物安排上也會有所不同，下面分別就腳色分派及人物性格加以分析：

一、腳色分派

1.元雜劇《殺狗勸夫》：依據陳萬鼐教授所著之《元明清劇曲史》一書中提及，元雜劇之腳色，絕大多數由末旦正腳司唱，爲當場正色外，尙有淨、丑，故稱四大腳色。末旦兩腳支派彌繁，故所謂沖、外、貼者，皆含於本色之義。復次各色又以年齡關係，而分孛老，如正末扮孛老，正末是本

---

17 余秋雨：《中國戲劇文化史述》（台灣：駱駝出版社，民國 76 年）
　　頁 337

色，此及正末扮演男性長者。尚有以職業地位關係，在本色外，而表明其身分，如孤爲官，但扮者可以丑，或外充之。[18]在此劇中總共安排有七個人物，分別爲孫華（孫二）由正末腳色扮演、孫榮（孫大）由沖末腳色扮演，楊氏（孫大妻）由旦腳扮演、王婆由老旦扮演、柳龍卿與胡子傳都由淨腳扮演、王脩然府尹由外腳扮演。另外還有次要人物梅香及保兒。

　　2.明傳奇《殺狗記》：依據張敬教授《明清傳奇導論》一書中提及，傳奇的腳色較雜劇繁複，照歌唱方式劃分，以生、旦、淨、末、丑爲總綱，每綱再分細目，生綱下分正生、小生兩種，旦分正旦、貼旦、小旦、老旦四種，淨綱下分淨、副淨、中淨三種，末綱下分末、外兩種，丑綱下只有丑一種。[19]劇中安排人物非常多，總共有十八個，分別爲孫華（孫大）由生腳扮演、孫榮（孫二）由小生腳色扮演，楊月真（孫華妻）由旦腳扮演、迎春（孫華妾）由貼腳扮演、柳龍卿由淨腳扮演、胡子傳由丑腳扮演、王婆由淨腳扮演、王婆的兒子由丑腳扮演、安童（孫家僕人）由丑腳扮演、吳忠（孫家僕人）由外腳扮演、孫公公由外腳扮演、王老實由外腳扮演、土地公由外腳扮演、王脩然府尹由外腳扮演、此外還有兩位巡軍分別由外腳及末腳扮演、一位官吏及一位使臣由末腳扮演。

　　比較上述人物可以發現，不論在人物數量、人物姓名、人物角色扮演都有所不同：

18 陳萬鼐：《元明清劇曲史》（台灣：鼎文書局，民國 63 年）頁 217
19 張敬：《明清傳奇導論》（台灣：華正書局，民國 75 年）頁 132

　　1.人物數量：明傳奇安排人物數量多過元雜劇十一個，增加的人物主要配合情節而產生，因為增加孫榮受苦的情節，所以有孫公公出現，來解救孫榮；而為了勸說孫華，必須增加王老實講探樵圖田家三兄弟團結故事；也因為安排僕人仗義情節，需讓孫家僕人吳忠受孫華之命殺孫榮；更為了殺狗變人屍的真實性，而讓土地公出現。

　　2.人物姓名：在元雜劇中孫大為孫榮，孫二為孫華，但到明傳奇時人物的姓名卻剛好相反，孫大為孫華，孫二為孫榮。

　　3.角色扮演：以下列圖示說明－

人　　物	元雜劇	明傳奇
孫大	沖末	生
孫二	正末	小生
孫大妻	旦	旦
王婆	老旦	丑
柳龍卿	淨	淨
胡子傳	淨	丑
王脩然	外	外
迎春		貼
吳忠		末
孫公公		外
王老實		外
王婆兒子		丑
安童		丑
土地公		外
使臣		末
官吏		末
巡軍一		末
巡軍二		外

二、人物性格

在主要人物性格方面，元雜劇中主要人物性格如下：

1.元雜劇《殺狗勸夫》：

孫榮：易受煽惑，盡信惡友謊言，相信其弟會謀害他；憤怒暴力，每次見其弟，不管是慶壽或清明祭拜，甚至其弟將其由雪地救回家，都不斷毆打其弟；知錯求全，在處理狗屍無助之時，願知錯求其弟之協助，因而事情圓滿解決。

孫華：忍耐無怨，孫榮不斷相逼毆打，孫華皆忍耐默默承受；寬厚仁心，不但不計前仇，更在其兄無助時，挺身相助。

楊月真：聰明智慧，能運用殺狗勸夫謀略挽回其心；冷靜善於協調，能夠勸說丈夫，向其弟道歉而請求協助。

2.明傳奇《殺狗記》：

孫華：剛愎自用，雖然其弟及其妻以許多方式勸說勿交惡友，但孫華不為所動，以致家庭破裂，並使自己陷於危機；心狠手辣，不但趕走手足兄弟讓其挨餓，更派家僕謀殺其弟；易受煽惑，孫華不辨是非，盡信惡友謊言，做出種種不理智行為。

孫榮：寬厚仁心，不但不計前仇，更在其兄無助時，挺身相助；膽小懦弱，在其兄逼迫離家，非但未提出分家產之要求，更無任何之反抗。

楊月真：聰明智慧，不但能看出家庭危機，更能運用各種謀略，特別是殺狗冒人屍來勸回丈夫；溫順而沉穩，能夠

運用溫和的手段持續勸說丈夫，既不違背婦德，也盡爲妻之責。

　　至於就人物性格比較，不論在元雜劇《殺狗勸夫》或明傳奇《殺狗記》孫大的個性是易受煽惑、憤怒暴力，但在明傳奇《殺狗記》中多的是剛愎自用及心狠手辣；至於孫二的個性在兩齣戲中都呈現出忍耐無怨、寬厚仁心的性格；而楊月真在兩齣戲中都呈現出聰明智慧，但在明傳奇「殺狗記」中多的是溫順而沉穩。

柒、結　語

　　綜合上述我們可以發現，元雜劇《殺狗勸夫》與明傳奇《殺狗記》因時代創作體例不同，元雜劇《殺狗勸夫》受限於全劇需以四折加一楔子的形式呈現，在故事及情節發展上與明傳奇《殺狗記》能有三十六齣戲相較，明顯的明傳奇《殺狗記》豐富許多，加入了孫榮受苦的情節、孫華妻妾勸說的情節、僕人仗義情節、土地公顯化情節都讓人物更鮮活，同時使劇情更爲合理，不過劇情結束之安排，孫華因悔過而能兄弟敦睦，對社會教化有幫助，因此皇帝將其封爲中牟縣尹，如此將惡人表揚，卻有點不符觀眾之期待；因爲情節之豐富，間接也使明傳奇《殺狗記》主題思想更富內涵，特別是因加入以歷史故事楚昭王愛護其弟的事件及採樵圖田廣三兄弟友愛的故事來供其思考勸說的情節，形成今昔的對

比，更讓人體會以歷史爲明鏡，在做決策時必需參考的重要性，當然全劇也充滿著倫理道德說教思想。至於在人物方面，因爲情節增加使明傳奇安排人物數量多過元雜劇十一個，增加的人物主要配合情節而產生，因爲增加孫榮受苦的情節，所以有孫公公出現，來解救孫榮；而爲了勸說孫華，必須增加王老實講採樵圖田家三兄弟團結故事；也因爲安排僕人仗義情節，需讓孫家僕人吳忠受孫華之命殺孫榮；更爲了殺狗變人屍的真實性，而讓土地公出現，至於在人物性格方面明傳奇《殺狗記》還是較元雜劇《殺狗勸夫》呈現了更多面向，包含孫大的剛愎自用及心狠手辣，同時也表現楊月真的溫順而沉穩，更特別是惡人柳龍卿與胡子傳，其貪婪、挑撥、狠毒、奸詐的性格刻劃的特別深刻。

元雜劇《拜月亭》與明傳奇
《幽閨記》之比較研究

前　言

　　不同時代卻運用相同的故事，其中的差異爲何？研究有類似情形不同的劇本，從其中找出共同的差異性，或許能歸納出一些原則，元雜劇《拜月亭》與明傳奇《幽閨記》也是運用相同的故事，而其間差異爲何？下面分別就作者生平、故事大綱、情節大綱、戲劇結構、主題思想、人物性格等方面加以分析：

壹、作者方面

　　一、元雜劇《拜月亭》劇作家：關漢卿，是元代第一個偉大的雜劇作家，但因他不屬於正統派的文人，所以他的生平不夠資格列入文苑傳，因此我們能知道的並不多，根據元鍾嗣成錄鬼簿：「關漢卿，大都人，太醫院尹，號己齋

叟。」[1]

二、明傳奇《幽閨記》劇作家：施君美。君美名惠，武村人，今名幽閨記。」[2]但目前學術界對《幽閨記》作者問題，未能取得統一的意見。有的認為是施惠所作，如莊一拂《古典戲曲存目匯考》；有的表示存疑，如張庚、郭漢城主編之《中國戲曲通史》，王季思主編的《中國十大古典戲劇集》等。看來，還需要更多可靠的資料方能論定。[3]

由於在作者方面存留的資料不多，因此並無法分析作者之生平對其作品所產生之影響。

貳、故事大綱方面

一、元雜劇《拜月亭》故事大綱：蒙古侵金，兵部王鎮奉旨出禦，妻張氏與女瑞蘭為亂兵衝散，時有蔣世隆瑞蓮兄妹，亦在途中失散。互相找尋結果，世隆與瑞蘭相遇結為夫婦，張氏與瑞蓮相遇認為母女。後王鎮來歸，怒女私與人訂婚，乃絕世隆。後世隆中狀元，義弟興福亦中武狀元，王乃

1 夢瑤：《中國戲曲史》第一冊（台灣：傳記文學出版社，民國 68 年），頁 169。
2 周貽白：《中國戲劇發展史》（台灣：愖勉出版社，民國 67 年），頁 334。
3 譚源材、黃竹三：《幽閨記評註》（大陸：吉林人民出版社），頁 240。

將世隆與瑞蘭，興福與瑞蓮，雙成婚姻。[4]

　　二、明傳奇《幽閨記》故事大綱：蒙古侵略金朝，滿朝群臣只有陀滿海牙主張迎戰，因被讒誅滅全家，只兒子陀滿興福躲到蔣世隆花園，得脫逃於死，於是兩人結為兄弟，並資助他逃生。後來兵變，世隆帶著妹妹瑞蓮逃避；而兵部尚書王鎮的妻子也帶著女兒瑞蘭逃難。兩下都被衝散，於是世隆呼叫瑞蘭，卻被瑞蘭誤聽應了；王夫人呼叫瑞蘭，也被瑞蓮誤聽應了。由於同在患難，於是王夫人認瑞蓮為義女，世隆也帶著瑞蘭，各自逃走。後來世隆與瑞蘭在村店結婚。等到兵災平息，王鎮班師，在村店遇到女兒瑞蘭，不顧世隆正在病中，強把瑞蘭帶走，又和王夫人相遇，於是一家團敘。但瑞蘭常念世隆，晚上焚香拜月，祈求破鏡重圓。另一方面世隆在村店得遇興福，回到京城應試，分別高中文武狀元。王鎮愛才，把二女配婚，於是世隆和瑞蘭終得完聚。[5]就兩劇故事大綱比較而言基本其實是相同，逃難的誤認、義結金蘭、終得團圓等故事發展都在兩劇出現，只是《幽閨記》情節發展比較豐富一些。

4 夢瑤：《中國戲曲史》第一冊（台灣：傳記文學出版社，民國 68 年），頁 175。

5 黃麗貞：《南劇六十種曲研究》（台灣：商務印書館，民國 84 年），頁 39

參、劇情結構方面

一、情節大綱的比較

1、元雜劇《拜月亭》：全劇以四折加一楔子的形式呈現。

楔子－瑞蘭父親前往平亂，與家人別離。

分析：引出戰亂將至，以親人的別離，鋪排後續劇中人物流離失所。

第一折－因戰亂瑞蘭與母親逃難，世隆與妹妹瑞蓮逃難，因戰亂走散，瑞蘭與世隆相遇，瑞蓮與瑞蘭母親相遇，為避免遭受擄掠，瑞蘭嫁給世隆為妻一起逃難。

分析：藉靠戰亂，巧合的讓瑞蘭與世隆相遇並成為夫妻，同時也讓瑞蓮與瑞蘭母親相遇，讓後續團圓埋下伏筆。

第二折－世隆重病，瑞蘭父親出現強行帶走瑞蘭，完全不理會瑞蘭的哀求。

分析：安排戲劇的危機與衝突，讓夫妻分離，同時也讓男主角世隆陷於重病危機中。

第三折－瑞蘭依然思念丈夫，到中秋時節，拜月祈求夫妻團圓，同時與瑞蓮談心過程中，得知瑞蓮的哥哥就是蔣世隆。

分析：中秋月亮象徵團圓，但瑞蘭不知丈夫情況，只得

祭拜上蒼，祈求夫妻能再度重逢，但巧合的安排是與瑞蓮談心過程中，發現瑞蓮竟然是其小姑，也暗示著好運即將到來。

第四折－蔣世隆與陀滿興福分別成爲文武狀元，不但夫妻團圓及兄妹團圓，同時瑞蓮也嫁給陀滿興福，喜氣洋洋。

分析：劇中人物苦難都已過去，不但成爲狀元，同時安排大團圓，而瑞蓮與陀滿興福的成親，使結局更爲圓滿。

二、明傳奇《幽閨記》：

第一齣　開場始末　副末開場講述故事大綱。

分析：此齣戲的家門，講述故事概要。

第二齣　表幃自嘆　蔣世隆自述家世，父母雙亡，與妹蔣瑞蓮相依爲命，欲前往京城應試，期望衣錦還鄉。

分析：介紹主要人物蔣世隆，同時也引出另一人物其妹蔣瑞蓮，並點出其京城應試及其妹婚姻的問題。

第三齣　虎狼擾亂　番將起兵作亂。

分析：安排戲劇危機，番兵作亂，讓劇中人物將陷於危險中。

第四齣　罔害皤良　聶賈列與陀滿海牙爲遷都事爭執，陀滿海牙遭陷，家族三百餘口遭屠殺。

分析：呈現戲劇衝突，同時介紹另一重要人物陀滿興福，陀滿興福之父陀滿海牙與聶賈列之間爲番兵入侵是否遷都而鬥爭，聶賈列誣陷陀滿海牙有反叛之心，因此家族三百餘口遭屠殺。

第五齣　亡命全忠　陀滿海牙之子陀滿興福知惡耗而逃

難。

分析：安排戲劇危機，陀滿海牙之子陀滿興福事先獲知訊息而逃跑，但也陷入生命的危機之中。

第六齣　圖形追捕　巡警追捕陀滿興福。

分析：插科打諢的戲，巡警追捕的過程中呈現官府的腐敗與黑暗。

第七齣　文武同盟　陀滿興福逃難翻進蔣世隆家中，請其協助，蔣世隆與其結盟以兄弟相稱，贈與衣帽及銀兩。

分析：運用神自天降的手法解除戲劇危機，土地公受太白星神之命，要解救陀滿興福，同時安排未來兩位文武狀元相識，於是讓陀滿興福逃難翻進蔣世隆家中，而蔣世隆正直、仁義的性格願意挽救朝廷捉拿之要犯，化解陀滿興福被捉危機。

第八齣　少不知愁　王瑞蘭享有快樂與幸福。

分析：介紹劇中的女主角，了解其生平家世。

第九齣　綠林寄跡　陀滿興福逃難至山賊處，因戴上頭盔而不頭痛，而被命為真命真主。

分析：解除戲劇危機，同時讓陀滿興福逃難的情節結束，當然也為後續蔣世隆遇盜匪化解危機預為伏筆。

第十齣　奉使臨番　王鎮尚書奉命前往邊城和蕃。

分析：透露戰爭危機，將劇中人物陷於危險。

第十一齣　士女隨遷　蔣世隆因兵荒馬亂，只得與妹奔逃。

分析：講述出蔣世隆內心的痛苦，父母靈柩無法安葬，

無法進京趕考加上年紀已大親事未定，在戰亂發生時只得奔逃。

第十二齣　山寨巡邏　陀滿興福巡邏山寨。

分析：過場戲，讓觀眾了解陀滿興福成為山寨主的情形。

第十三齣　相泣路歧　王瑞蘭與其母逃難。

分析：讓王瑞蘭與其母陷於逃難的危機中，同時詳述逃難痛苦，不知前程在那？安身在那？生命能維持多久？非常的痛苦。

第十四齣　風雨間關　蔣世隆與其妹蔣瑞蓮忍受逃難痛苦。

分析：對比式的安排讓蔣世隆與其妹蔣瑞蓮也陷於逃難的危機中，寒風苦雨、殺聲震天，非常恐怖。

第十五齣　番落回軍　大金軍隊接受進貢。

分析：化解危機，藉由進貢番軍退兵，於是戰爭解除。

第十六齣　違離兵火　逃難中蔣世隆與其妹蔣瑞蓮和王瑞蘭與其母因搶劫而走散。

分析：刻劃逃難混亂的場景，呼喊、搶劫，讓劇中人物因而走散。

第十七齣　曠野奇逢　因王瑞蘭與蔣瑞蓮名字相近，蔣世隆與王瑞蘭相遇，兩人權做夫妻一同逃難。

分析：男女主角因逃難而相識、相戀而成親，此為愛情發展重要的關鍵戲。

第十八齣　彼此親依　蔣瑞蓮和瑞蘭之母相遇，瑞蘭之

母認瑞蓮為女兒一同逃難。

　　分析：對比式的安排，巧合的讓蔣瑞蓮和瑞蘭之母相遇，兩人一同逃難，也後續得以與陀滿興福成親。

　　第十九齣　偷兒擋路　蔣世隆與王瑞蘭逃難，遭山賊擄走。

　　分析：安排戲劇危機，讓男女主角遇到山賊，生命陷於危險。

　　第二十齣　虎頭遇舊　因陀滿興福為山賊首領，化險為夷，並大擺宴席，把酒敘舊。

　　分析：再度巧合的安排，因陀滿興福為山賊首領自然解除危機，同時男女主角得以享受佳餚美食。

　　二十一齣　子母途窮　蔣瑞蓮和瑞蘭之母繼續逃難前行。

　　分析：描繪蔣瑞蓮和瑞蘭之母逃難時的痛苦，聆聽到淒涼的聲音及見到悲慘的情景。

　　二十二齣　招商諧偶　店主權充主婚人，蔣世隆與王瑞蘭成婚。

　　分析：此齣戲呈現蔣世隆與王瑞蘭為結婚事產生衝突，蔣世隆欲逼迫王瑞蘭成親，但王瑞蘭在未經父母祝福同意下不願意答應，但蔣世隆又以仁義道德勸說「天若爽信，雲霞不生，地若爽信，草木不生，為人可失信乎？」，但王瑞蘭仍以貞節理由堅拒，幸賴店主夫婦願權充主婚人，瑞蘭才答應，衝突得以化解。

　　二十三齣　和寇還朝　王尚書與大金言和返朝。

　　分析：短場的過場戲，鋪排王鎮將至孟津驛，以便與其妻子碰面。

　　二十四齣　會赦更新　陀滿興福逃離山寨，適逢大赦，於是上京應試。

　　分析：短場的過場戲，交代朝廷特赦，陀滿興福決定去考狀元。

　　二十五齣　抱恙離鸞　蔣世隆重病，瑞蘭與父相遇，其父將瑞蘭強行帶走，夫妻分離。

　　分析：再度安排戲劇危機，男主角蔣世隆重病，再加上強勢的瑞蘭父親的出現，強行帶走瑞蘭，圓滿的婚姻於是破碎，也顯現封建官府勢力的強大。

　　二十六齣　皇華悲遇　在驛館瑞蘭與其父母及蔣瑞蓮巧遇。

　　分析：巧合式的安排，讓王鎮在驛館與其妻子和蔣瑞蓮巧遇，於是整個逃難情節結束。

　　二十七齣　逆旅蕭條　蔣世隆思念瑞蘭。

　　分析：過場戲，交代蔣世隆的情境，思念妻子、病情痛苦，福無雙至禍不單行。

　　二十八齣　兄弟彈冠　蔣世隆與陀滿興福客棧相逢。

　　分析：安排蔣世隆與陀滿興福客棧相逢，一方面解決蔣世隆窮困的問題，另一方面兩人共同上京趕考，以便後續兩人分別成為文武狀元。

　　二十九齣　太平家宴　王鎮一家人吃團圓飯。

　　分析：安排王鎮全家人吃團圓飯，但瑞蘭仍擔心丈夫，

而蔣瑞蓮也掛念其兄。

第三十齣　對景含愁　瑞蘭思念蔣世隆。

分析：主要呈現瑞蘭的心境，她深愛著世隆，面對美麗的春景，瑞蘭無法與蔣世隆共享，內心非常痛苦。

三十一齣　英雄應辟　蔣世隆與陀滿興福前往京城應試。

分析：過場戲，蔣世隆與陀滿興福對於加官晉爵充滿著期待。

三十二齣　幽閨拜月　瑞蘭安排香案祭拜明月，希望能與世隆團圓，同時瑞蘭得知瑞蓮的兄長爲世隆。

分析：藉由瑞蘭與瑞蓮談心，讓兩人由姊妹的關係成爲兄嫂的關係。

三十三齣　照例開科

分析：過場戲，搬演考試情境。

三十四齣　姊妹論思　瑞蘭與瑞蓮期望世隆能夠高中。

分析：延續三十二齣戲，瑞蘭與瑞蓮對於團圓及世隆高中狀元的期待。

三十五齣　紹贅仙郎　王鎮準備將瑞蘭與瑞蓮嫁給文武狀元，但瑞蘭堅持已嫁蔣世隆不願再嫁。

分析：安排瑞蘭與瑞蓮與王鎮之間父女的衝突，王鎮運用官府的勢力招贅文武狀元，以解決瑞蘭與瑞蓮的婚姻問題，但瑞蘭堅拒，瑞蓮亦再次表達瑞蘭所嫁的爲其兄，但剛愎自用的王鎮全完全不理會，讓瑞蘭如何在父命及貞節中做選擇？

三十六齣　推就紅絲　媒婆遞絲鞭給蔣世隆與陀滿興福，但蔣世隆卻加以拒絕。

分析：對比式安排，主要測試蔣世隆是否會因富貴而易妻？果然世隆對愛情忠貞，拒絕再娶。

三十七齣　官媒回話　媒婆告知王鎮，世隆拒接絲鞭，由於他已有婚約。

分析：延續上齣戲之劇情發展，媒婆回報結果，王鎮懷疑世隆可能就是瑞蘭的丈夫，因此想安排家宴求證真實性。

三十八齣　請偕伉儷　媒婆告知世隆，王鎮邀其家宴。

分析：過場戲，文武狀元接到赴宴的通知。

三十九齣　天湊良緣　家宴中，世隆與瑞蘭、瑞蓮重逢。

分析：藉由家宴，瑞蓮在簾後確認狀元就是世隆，於是夫妻團圓、兄妹團圓。

第四十齣　洛珠雙合　世隆與陀滿興福分別與瑞蘭、瑞蓮成親。

分析：在團圓歡樂氣氛中，又加入世隆與陀滿興福分別與瑞蘭、瑞蓮結婚的喜慶，同時黃帝褒封，世隆成為開封府尹，陀滿興福成為昭勇將軍，喜上加喜。

藉由其情節之比較，明傳奇《幽閨記》顯然較元雜劇《拜月亭》在情節方面增加許多，經分析計有：

1.陀滿興福歷經的苦難情節：包含其父陀滿海牙遭聶賈列誣陷有反叛之心，因此家族三百餘口遭屠殺，陀滿興福的逃亡為蔣世隆所救並結為兄弟，及後成為山賊首領解救蔣世

隆與王瑞蘭等。

2.瑞蘭與世隆成婚過程情節：王瑞蘭初以貞節理由堅拒與世隆成婚，幸賴店主夫婦願權充主婚人，瑞蘭才答應，衝突得以化解。

3.王鎮強逼瑞蘭與瑞蓮嫁給文武狀元情節：瑞蘭堅持已嫁蔣世隆不願再嫁，父女引發衝突。

4.世隆拒接絲鞭的情節：媒婆奉王鎮之命遞絲鞭給蔣世隆與陀滿興福，但蔣世隆卻以已結婚加以拒絕。

進一步分析《拜月亭》與《幽閨記》之情節，可以發現相同處計有：

1.逃難走散情節：瑞蘭與母親逃難，世隆與妹妹瑞蓮逃難，因戰亂走散，瑞蘭與世隆相遇，瑞蓮與瑞蘭母親相遇，而繼續逃難。

2.重病而夫妻拆散情節：世隆重病，瑞蘭父親出現強行帶走瑞蘭，因而夫妻別離。

3.中秋拜月情節：中秋時節，瑞蘭拜月祈求夫妻團圓。

4.大團圓結局：蔣世隆與陀滿興福分別成為文武狀元，不但夫妻團圓及兄妹團圓，同時瑞蓮也嫁給陀滿興福，喜氣洋洋。

依據譚源材、黃竹三之《幽閨記評註》分析，《幽閨記》根據關漢卿的雜劇改編而成，其主題思想和人物設置基本相同，情節關目也大體一致，重點場次均來自關劇，比如「奉使臨番」即出自關劇的楔子；「士女隨遷」「違離兵火」「曠野奇逢」「虎頭遇舊」則出自關劇的第一折；「抱

恙離鸞」源於關劇的第二折;「幽閨拜月」取自關劇的第三折;至於「姊妹論思」「紹贅仙郎」「天湊良緣」「洛珠雙合」則由關劇的第四折演化而成。[6]

二、戲劇衝突比較

《拜月亭》的戲劇衝突先以戰亂引發衝突,接著因逃難而走散的瑞蘭與世隆相遇,瑞蘭陷於內心衝突,如果不能跟著世隆,可能會遭受擄掠的命運,跟著他又必須成為夫妻,雖然難以抉擇,最後還是選擇嫁給世隆;接著世隆重病,瑞蘭父親強行帶走瑞蘭,造成奪妻的衝突,幸賴世隆高中狀元,王鎮召狀元為婿,夫妻因而再度團圓。

劉師效鵬在《永樂大典三本戲文與五大南戲結構比較》論文中提及「《幽閨記》表現一個動亂的環境中人物悲歡離合的故事,從而其情節的發展往往建立在機緣、巧遇上,由於強調環境的力量,人類的自覺意志顯的曖昧不明,所以其衝突往往是不自覺的形式,其次本劇的情節發展過程中,包含三個家族的人物及事件:一、是以蔣氏兄妹的遭遇和行為所組成。二、為陀滿家族發生的事件。三、係結合王府的一組人物及其所發生的事件。三條線索交織在一起,形成十分複雜的結構。」[7]《幽閨記》戲劇衝突安排,首見奏事官聶賈列與左丞相陀滿海牙為遷都之事產生衝突,聶賈列誣陷陀

---

6 譚源材、黃竹三:《幽閨記評註》(大陸:吉林人民出版社),頁228。
7 劉師效鵬:《永樂大典三本戲文與五大南戲結構比較》文學評論第三集(台灣:書評書目出版社),頁107。

滿海牙叛變，皇上殺其家族三百餘口，因而陀滿海牙之子陀滿興福也與聶賈列產生殺父之仇衝突，而同時其亦遭聶賈列之爪牙追捕；蔣世隆也與王瑞蘭衝突，因蔣世隆要求王瑞蘭權作夫妻，開始王瑞蘭不願意，後因擔心獨自逃難危險而勉強答應；蔣世隆也與王尙書衝突，因王尙書在其重病之時，將其妻子王瑞蘭強行帶走，至於在人物內心衝突方面，蔣世隆面臨是否要救助陀滿興福的內心衝突？救助固然爲義舉，可使忠臣有後，但自身卻也有滅門之虞，如不救助，固可明哲保身，但又如何忍受奸臣殘忍的陷害？基於正義最後蔣世隆還是選擇救助陀滿興福；之後在其成爲狀元後，官媒告知他必須成爲丞相女婿時，蔣世隆又面臨抉擇，同意當可攀延權勢，享有更多的榮華富貴，但又如何面對已結婚的妻子王瑞蘭？最後蔣世隆選擇拒婚；而在王瑞蘭的部分，在店主權充主婚人要王瑞蘭與蔣世隆成婚時，王瑞蘭也面臨抉擇是否要拒絕一個沒有父母親祝福的婚姻，但如果拒絕又如何面對兵荒馬亂隨時有喪身的危機，畢竟生命重要，經過思考她勉強同意結婚；而在後來其父親欲將其嫁給新科狀元時，她也面臨內心衝突，不嫁，得罪父親背負不孝的罪名，嫁，對不起蔣世隆背負不貞的罪名，爲了貞節最後她選擇不嫁。

因此比較兩劇之戲劇衝突安排大部分是相同的，包含蔣世隆要求王瑞蘭權作夫妻的衝突，瑞蘭父親強行帶走瑞蘭，造成奪妻的衝突，不過《幽閨記》因情節豐富，增加陀滿興福的戲份，因此有陀滿興福與聶賈列產生殺父之仇衝突，蔣世隆面臨是否要救助陀滿興福的內心衝突？以及蔣世隆有機

會成為丞相女婿時選擇拒婚的內心衝突，這些戲劇衝突都是
《拜月亭》所沒有的。

三、戲劇巧合技巧的運用比較

　　元雜劇《拜月亭》與明傳奇《幽閨記》都運用戲劇的巧
合技巧，讓戲劇的情節順利的推展，解除劇中人物的危機，
如劇中瑞蓮與世隆因逃難走散，而瑞蘭與母親亦走散，巧合
的是世隆與瑞蘭一起逃難，瑞蓮與瑞蘭的母親一起逃難，因
而能結下夫妻及母女情緣，而在結局的部分，巧合的是世隆
與陀滿興福分別成為文武狀元，而王鎮也要召文武狀元為
婿，因此兩人也同時成婚，世隆與瑞蘭重新結婚，而陀滿興
福則娶世隆之妹瑞蓮。至於明傳奇《幽閨記》又多增一項巧
合，在第二十齣「虎頭遇舊」中，世隆與瑞蘭被山賊所捉，
生命陷於危險，但巧合的安排，山賊的首領就是世隆曾經救
過的陀滿興福，因此由囚犯變為上賓，化解危機。
余秋雨先生在《中國戲劇文化史述》一書中提及「拜月亭的
重重巧合人們大體還樂於接受呢？其根本原因，在於這些巧
合合乎生活的本質真實。蔣世隆與王瑞蘭兩人地位懸殊，他
們險峻的結合並不是起於偶爾的一見鍾情。名門千金和普通
書生在舉城遷逃中相識是合理的，相識時兩方只剩下一人也
是合理的，兩人相識後結伴趕路也是合理的，結伴趕路以夫
妻相稱仍是合理的，在患難扶助中名義上的夫妻終於成了事

實上的夫妻，更是合理的。」[8]

肆、主題思想方面

在戲劇情節中都有隱含作者透露的人生哲理或揭發社會的問題，由於元雜劇《拜月亭》與明傳奇《幽閨記》情節相近，因此探究戲劇情節可發現兩劇都有下列的主題思想：

一、國之不強，人民必遭顛沛流離之苦：劇中呈現番兵作亂，朝廷又無力抵擋，造成人民逃難，飢餓、恐懼加上危險讓人民痛苦不已，我們從蔣世隆與其妹逃難、王瑞蘭與其母逃難等情節，可以清楚的了解。

二、社會門第觀念阻礙忠貞之愛情：王瑞蘭在逃難時雖與蔣世隆成親，但王尚書找到其女王瑞蘭卻強行將其女帶走，主要因為社會門第觀念，官府千金如何嫁窮秀才？因此只有蔣世隆考上狀元為官後，婚姻才有圓滿的結局。

但是明傳奇《幽閨記》由於加上陀滿興福的歷經苦難情節，因此增加的主題思想有善有善報之因果觀，劇中蔣世隆冒藏匿人犯之危險，將陀滿興福藏匿家中，並贈以金錢及食物，其所結之善因，在其逃難遭山賊被俘時，恰巧陀滿興福為山寨主，因此反而有把酒言歡之善果。

---

8 余秋雨：《中國戲劇文化史述》（台灣：駱駝出版社，民國 76年），頁 329。

伍、戲劇人物方面

一、腳色分派

（一）元雜劇《拜月亭》：由於受雜劇體制影響，《拜月亭》是旦本雜劇，全劇只能由旦腳演唱，劇中腳色有王鎮，以孤扮演，瑞蘭母親以夫人扮演，王瑞蘭以旦扮演，蔣世隆以正末腳色扮演，蔣瑞蓮以小旦扮演，陀滿興福以外末扮演，此外還有其他搭配劇情發展的人物，包含有女婢梅香、店主人及大夫，總共人物有 10 位。

（二）明傳奇《幽閨記》：由於情節複雜，相對的戲劇人物較雜劇多出許多，蔣世隆以生腳扮演，王瑞蘭以旦扮演，陀滿興福以小生扮演，蔣瑞蓮以小旦扮演，王鎮以外扮演，瑞蘭母親以老旦扮演，其他搭配劇情發展的人物，包含番將（淨）、黃門（末）、金瓜武士（丑）、賈列（淨）、陀滿海牙（外）、巡警（淨、丑、末）、山賊（外、淨、丑、末）、使臣（淨）、院子（末、淨）、老漢（丑）、店主人（末）、店主婆（丑）、六兒（丑）、大夫（淨）、驛丞（末）、秀才（淨、末）、媒婆（丑）、宣旨官（末）等，總共人物有 31 位。

因此就戲劇人物的數量，明傳奇《幽閨記》比元雜劇《拜月亭》多出了 21 位，主要因為加重了陀滿興福的歷經苦難情節，所以配合性的戲劇人物增加，另外因為增加考狀

元及說媒的情節，因此也增加一些戲劇人物。

二、人物性格

（一）元雜劇《拜月亭》：

1.蔣世隆：熱心助人，由於他願意協助走散的王瑞蘭，因此能有婚姻之緣；感情執著，他雖然重病在身，但仍然努力不讓妻子被其父親帶走；奮鬥不懈，認真努力能考上狀元，因而能與瑞蘭再續前緣。

2.王瑞蘭：豁達權變，她能了解面臨環境之困難，在戰亂下獨自逃難，必然下場悲慘，因此權變在沒有父母親祝福下，嫁給蔣世隆，得以保全性命；情感執著，其父王尚書欲將其帶走時，由於她已與蔣世隆成親，基於其感情忠貞，因此拒絕離開，但經努力卻未達成。

（二）明傳奇《幽閨記》：

1.蔣世隆：除《拜月亭》前述人物性格外，應再加入行俠仗義部分，他能不顧藏匿人犯會遭殺身之禍危險，協助忠臣之後陀滿興福脫離危險；忠貞執著，他考上狀元，尚書欲納為婿，由於他已與王瑞蘭成親，基於其感情忠貞，因此拒絕此婚姻。

2.王瑞蘭：除《拜月亭》前述人物性格外，應再加入忠貞執著部分，其父王尚書欲將其嫁給狀元，由於她已與蔣世隆成親，基於其感情忠貞，因此拒絕此婚姻。

陸、結　語

　　綜合上述我們可以發現，元雜劇《拜月亭》與明傳奇《幽閨記》因時代創作體例不同，元雜劇《拜月亭》分爲四折加一楔子，而明傳奇《幽閨記》則分爲四十齣戲，除《幽閨記》加深對陀滿興福人物的描繪外，兩齣戲情節發展幾近相同，甚至部分劇情如逃難走散情節、重病而夫妻拆散情節、中秋拜月情節等都如出一轍，不過就故事情節發展內容《拜月亭》因受限於創作形式，豐富性不及《幽閨記》；至於在戲劇創作技巧方面，兩劇都運用巧合技巧，不論逃難或是結婚都是巧合的安排，讓戲劇的情節順利推展；而在主題思想的部分，兩劇也幾乎相同，差別的部分也只是因爲陀滿興福腳色所產生的影響；而在戲劇人物方面，明傳奇《幽閨記》比元雜劇《拜月亭》多出了二十一位人物，主要因爲加重了陀滿興福的歷經苦難情節，所以配合性的戲劇人物增加，另外因爲增加考狀元及說媒的情節，因此也增加一些戲劇人物，至於在人物性格的部分，明傳奇《幽閨記》略有增加，蔣世隆加入行俠仗義及忠貞執著部分，而王瑞蘭則也是增加忠貞執著的部分。

明傳奇《荊釵記》與《白兔記》
戲劇結構之研究

前　言

　　明代傳奇初期作品能與琵琶記並稱者，有所謂「荊、劉、拜、殺」四個劇本，曲海總目提要云「元明以來，相傳劇本上乘，皆曰荊、劉、拜、殺。荊謂荊釵、劉謂白兔、拜謂幽閨、殺謂殺狗。」[1]焦循劇說云「荊、劉、拜、殺爲劇中四大家，荊釵；柯丹邱作。白兔即劉也。拜月，施君美作。君美名惠，武村人，今名幽閨記。殺狗俗名玉環，徐□仲由作。仲由錞安人。」[2]而此四劇能受重視，與其戲劇結構之謹嚴、主題思想之豐富、人物性格之多樣化有密切之關連，今擇其中兩齣戲《荊釵記》與《白兔記》就其戲劇結構之部份分析歸納，以觀其特色。

---

1 周貽白：《中國戲劇發展史》（台灣：慪勉出版社，民國 67 年），
　頁 334。
2 同 1。

壹、《荊釵記》與《白兔記》之故事大綱

一、《荊釵記》故事大綱

劇情大意為溫州貢生錢流形有女玉蓮，為貧儒王十朋、富豪孫汝權共求；玉蓮願嫁王十朋。王窮無以為禮，用荊釵聘取過門。

半年後，十朋應試中狀元；宰相万俟要召他為婿，被十朋拒絕，万俟設計將十朋判到朝陽瘴地。十朋修書給母妻，竟被孫汝權竄改作其入贅万俟府，令玉蓮另嫁。玉蓮得書甚傷心，又被繼母逼嫁，就投水殉節，被福建安撫使錢載和救起，收為義女。十朋母親到京城見到兒子，才知十朋原來並無入贅相府事，母子就同往潮陽，後又接錢流形夫婦同住，三年後移守吉安。其時，誤傳十朋死訊，玉蓮就為他守孝。不久，錢載和移守兩廣，經過吉安，見當地守官參見名片是王十朋，就邀其來船上飲酒，以便釋疑，於是夫妻、姑媳在船上團圓。[3]

二、《白兔記》故事大綱

---

3 黃麗貞：《南劇六十種曲研究》（台灣：商務印書館，民國 84 年），頁 41。

　　劉知遠早年為貧困的流浪漢，在李文奎家裡牧馬，李文奎看出他有發跡之兆，就把女兒李三娘嫁給他。李三娘的哥哥李洪一一直瞧不起劉知遠，待到李文奎老人一死，就百般欺凌劉知遠、李三娘夫婦，劉知遠只得外出從軍。留在家裡的李三娘受盡哥嫂李洪一夫婦的虐待，平日像奴隸一樣的幹活，「日間挑水三百擔，夜間挨磨到天明」，結果把兒子也生在磨房裡。新生的兒子在凶狠的李洪一夫婦眼前是無法存活的，一位好心的老雇工不辭辛勞，把嬰兒送到劉知遠所在的地方，誰能料到，劉知遠已經做了岳節度使的入贅女婿，而且還因屢建軍功，升任九州安撫使。他已經把李三娘遺忘了。李三娘既失去了丈夫，又失去了兒子，孤苦伶仃一人繼續苦熬著。十六年後的一天，一頭白兔竄到井旁，後面跟追的是一名正在射獵的的少年公子，他就是李三娘十六年前送走的親生兒子。幾經問答，一家終得團圓。[4]

貳、《荊釵記》與《白兔記》之情節大綱

一、《荊釵記》情節大綱

第一齣　家門　故事大綱。

---

4 余秋雨：《中國戲劇文化史述》（台灣：駱駝出版社，民國 76 年），頁 322。

分析：此齣戲為家門，所謂略道家門便見戲文大意，安排末腳出場講述故事大綱，將重要的人物及重要的情節在此齣戲中呈現，讓觀眾有初步認識了解，就以下場詩為例，四個人物四個重要的抉擇，影響全劇的劇情發展，「王狀元不就東床婿，万俟相改調潮陽地，孫汝權套寫假書歸，錢玉蓮守節荊釵記」，因為王十朋拒絕成為万俟丞相女婿，進而引發万俟丞相報復，將其改調偏僻潮陽地為官，也因此有與錢玉蓮相逢的機會，而孫汝權若沒有害人之心做出以家書改為休書的計謀，也不會造成錢玉蓮投江自殺，劇中每一人物的抉擇，都牽動劇情不同發展的結果。此外末腳上場時，以一到十連串的唱曲方式，顯示此劇的趣味性，「一段新奇真故事，須教兩極馳名，三千今古腹中存，開言驚四座，打動五靈神，六府齊才並七步，八方豪氣凌雲，歌聲喝住九霄雲，十分全會少，少不得仁義禮先行」。

第二齣　會講　王十朋居住溫州城，父親早逝，母親撫育成人，準備赴考求取功名。

分析：此齣戲在介紹主要人物王十朋，讓觀眾了解他居住溫州，父親早逝，靠母親扶養長大，他想要進京赴試，希望為官脫離貧窮困境，此外也介紹另一人物孫汝權，文學素養低，喜好酒色，藉靠在梅溪家會講方式，讓兩個人物產生對比，同時在本齣戲結束時，特別在下場詩強調讀書的重要性，「聖朝天子重英豪，常把文章教爾曹，世上萬般皆下品，思量惟有讀書高」。

第三齣　慶誕　錢玉蓮父親慶祝壽誕，然為女兒婚事擔

憂。

分析：此齣戲藉靠壽誕的歡樂形式，象徵著快樂與幸福來介紹女主角錢玉蓮，讓觀眾了解其家庭狀況，父親爲錢流行，是一名貢元，因其妻早逝只生一女玉蓮，同時又再娶姚氏爲妻，由於玉蓮已長大成人，因此錢流行煩憂其女婚事。

第四齣　堂試　王十朋以薦賢論考上秀才。

分析：此齣戲爲藉靠溫州府太守吉天祥對秀才的考試，來顯現王十朋的才學，同時也對比出孫汝權的無知與邪惡。

第五齣　起媒　錢玉蓮父親託人爲女做媒，欲嫁王十朋。

分析：延續第三齣戲錢流行煩憂其女婚事，在此齣戲中他想要將女兒嫁給王十朋，原因爲王十朋堂試奪魁，未來有發展的潛力，同時錢流行也是貢元出身，與王十朋相同，再加上熟識王十朋的父親王景春，因此非常想促成此段姻緣，因此後續錢玉蓮會嫁給王十朋，此齣戲已安排了伏筆。

第六齣　議親　媒人前來說媒，但王十朋家貧，其母拔荊釵爲聘禮。

分析：此齣戲一方面道出當時社會大眾的心理，讀書人想要透過科舉，然後爲官光耀門第，同時也安排媒人來訪，而十朋母親同意此門親事，並以荊釵爲聘禮，突顯貧富之差距，而後續富豪之家孫汝權請人送來的金釵，更有對比的效果。

第七齣　瑕契　富豪孫汝權愛慕錢玉蓮請人說媒。

分析：此齣戲對比著前一齣戲的貧寒與無奈，呈現著富

豪之家孫汝權的富裕與強勢，孫汝權以金釵一對及紋銀四十兩作爲聘禮，對比著木頭釵，兩者在金錢上的差距是如此的遙遠，但在才氣學問及氣質上，孫汝權與王十朋相較，卻也是天地之別，錢玉蓮在面對不同的條件時，她將如何選擇，觀眾也是會非常好奇。

第八齣　受釵　媒人分攜金釵及荊釵讓玉蓮選擇。

分析：此齣戲進一步加深對比性的衝突，雙方的媒人都來到錢玉蓮家說和親事，讓錢玉蓮面對強大的壓力。

第九齣　繡房　錢玉蓮選擇王十朋。

分析：錢玉蓮面對「金釵」及「荊釵」，她毫不猶疑就選擇下嫁王十朋，一方面她了解嫁入豪門的痛苦，另一方面她也相信父親爲她所做的決定，更重要的是她有堅忍性格，相信她自己有能力面對生活的困難。

第十齣　逼嫁　錢玉蓮後母爲錢逼玉蓮嫁孫汝權，玉蓮不從。

分析：藉靠後母的強逼讓錢玉蓮的婚姻倍受困擾，但玉蓮卻據以力爭，她說出「王秀才雖窮，乃才學之士，孫汝權縱富，乃奸詐之徒，才學之士不難于富貴，奸詐之徒，必易於貧窮」，讓後母氣極敗壞。

第十一齣　辭靈　玉蓮內心痛苦，到祠堂祭拜母親靈位。

分析：錢玉蓮雖然爭取到自己選擇的婚姻，但卻得不到婚姻的喜悅與祝福，內心是非常的痛苦，藉著祭拜母親場景之安排，探究玉蓮內心的痛苦與無奈，當然父親的出現，免

不了又有說教的安排，大談爲媳之道，包含「勿慢、勿嬌、必欽、必敬」，最後玉蓮在痛苦心情下坐上花轎。

第十二齣　合巹　玉蓮與十朋結婚。

分析：生旦兩條發展的情節在此齣結合，同時呈現婚禮的喜悅，錢玉蓮嫁到王家，婚禮上依然有爲媳之道的說教，夫妻要相敬如賓、上和下睦、夫唱婦隨、勸事桑麻、織柚做布等。

第十三齣　遣僕　因十朋前往京城應試，玉蓮父遣僕接回十朋母親。

分析：一方面交代十朋前往京城應試的情節，另一方面呈現玉蓮父親的體貼與關心，願意將女兒及十朋母親接回家住，以方便照顧。

第十四齣　迎請　僕人至十朋家迎接其母。

分析：延續前齣僕人李成抵達王府告知玉蓮父親的好意，而十朋與其母則答應，如此可解決其生活的困境。

第十五齣　分別　十朋赴京城與妻子別離。

分析：李成將一行人接回錢府，在十朋無後顧之憂情形下，將前往京城應試，母親的叮嚀、岳父金錢相助、妻子的期望，讓十朋歡喜的踏上旅程。

第十六齣　赴試　十朋與其他秀才赴京城應試。

分析：此齣主要爲過場戲，講述十朋與孫汝權、王士宏一同進京趕考。

第十七齣　春科　十朋考上狀元。

分析：呈現考試時情形，如要考上狀元必須通過三項考

試，第一項以四書爲題爲文、第二項以性理羣書爲題爲文、第三項則策問五道，果然十朋不負眾望考上狀元，王士宏考上第二名，孫汝權則名落孫山，因爲考上狀元十朋的命運就會一帆風順嗎？劇作家卻給觀眾更多的驚奇。

第十八齣　閨念　玉蓮思念十朋。

分析：藉靠玉蓮的獨白戲，詳盡呈現內心的心境，包含對丈夫的思念、疲憊的侍奉父母及婆婆，只期待丈夫能考上狀元，解除一切的困境，整齣戲情感描繪相當細膩。

第十九齣　參相　万俟丞相欲召十朋爲婿，十朋予以回絕，告知「糟糠之妻不下堂，貧賤之交不可忘」的觀念，於是丞相報復，將其派往蠻荒之地爲官。

分析：另一項戲劇衝突的安排，原本準備喜悅爲官的十朋，卻又遭万俟丞相施壓欲召其爲婿，但深知夫妻忠貞之義的十朋以「糟糠之妻不下堂，貧賤之交不可忘」回絕丞相的「富易交，貴易妻」勸說，但也得罪丞相因此遭到報復，將被派到蠻荒之地爲官。

第二十齣　傳魚　十朋寫家書，告知在京城狀況。

分析：安排此齣戲讓十朋寫家書以便後續情節發展中，孫汝權有竄改家書爲休書的機會，加深劇情的衝突與曲折。

二十一齣　套書　孫汝權偷得十朋家書，並加以竄改，將家書改爲休書，告知已入贅相府。

分析：孫汝權落榜的忌妒再加上對錢玉蓮的愛戀，孫汝權想出將十朋家書改爲休書，告知錢玉蓮其丈夫已入贅相府，以便乘機再娶玉蓮。

二十二齣　獲報　十朋家人獲得家書見信愕然。

分析：主要呈現十朋家人獲得家書後的反應，錢流行不信其婿會如此，十朋的母親更堅信其子不可能貪榮忘恩失義，玉蓮也不相信，但玉蓮的後母則大罵無情無義，原本眾人期待的興奮與歡樂卻頓然陷入愁雲慘霧中。

二十三齣　覓真　孫汝權再編謊言，欲娶錢玉蓮。

分析：延續前齣戲，錢流行希望查證十朋再娶的真實性，但查證的對象卻又是孫汝權，因而讓孫汝權有再編謊言的機會，因而能發展後續逼婚的情節，再度製造戲劇危機。

二十四齣　大逼　孫汝權依然賄絡錢玉蓮後母逼婚。

分析：雖然錢父告知玉蓮查證的結果，但錢玉蓮依然相信丈夫是賢良儒士，錢玉蓮後母卻利用此一機會逼婚，要錢玉蓮改嫁孫汝權，但玉蓮卻堅守貞節拒絕，後母用毒打、逼死趕出家門等方式威脅錢玉蓮，最後錢玉蓮決定跳江以死明志，戲劇危機進一步的擴大。

二十五齣　發水　錢巡撫夜夢，神明告知節婦投江，將予救起。

分析：採用神自天降的手法來解決戲劇危機，錢巡撫已被神明托夢告知將會救起投江的節婦，並且此女將成為其義女，因此吩咐部下行船時特別留意。

二十六齣　投江　玉蓮一怕損夫之行，二怕誤妾之名，三慮砧辱宗風，四恐乖違婦德，於是投江自殺，幸錢巡撫救起，並認其為義女。

分析：玉蓮被逼投江，果然被錢巡撫救起，危機得以化

解，而玉蓮隨著錢巡撫到福州，讓情節的發展更爲曲折。

二十七齣　憶母　十朋想念母親及及玉蓮。

分析：情節之發展又接回生腳，十朋想念母親及及玉蓮，因而已派人去接她們前來。

二十八齣　哭鞋　王老夫人痛失媳婦，決定去京城找兒子。

分析：由於玉蓮投江後，繡鞋留在江邊，王老夫人痛失媳婦傷心不已，而兒子又在京城，讓其無以爲靠，最後決定進京尋找其兒子。

二十九齣　搶親　孫汝權與玉蓮家人衝突。

分析：因爲玉蓮的投江，引發錢流行與玉蓮後母的爭吵，同時孫汝權也因支付聘禮卻未能娶妻，也來爭吵，此齣戲充滿著戲劇人物間爲自己利益相互衝突。

第三十齣　祭江　王老夫人祭拜媳婦。

分析：王老夫人臨上京城前前往江邊祭拜媳婦，一方面呈現婆婆對媳婦的感念，另一方面透過婆婆的祭拜，肯定玉蓮的忠貞與孝順。

三十一齣　見母　十朋與母親見面得知實情。

分析：十朋母子見面，拆穿了休書的實情，但十朋卻也傷心其妻爲其守節的投江自殺，此齣戲對十朋及其母都是極大的衝擊，十朋母知道被孫汝權所騙，而十朋卻突然得到喪妻的訊息。

三十二齣　遣音　錢巡撫派人告知玉蓮家人，玉蓮人在福州。

分析：錢巡撫派苗良前去送家書給王十朋，兩條發展的情節線又有結合的機會。

三十三齣　赴任　十朋前往潮陽府上任。

分析：為一過場戲，詳述十朋前往潮陽府上任過程與心情。

三十四齣　誤訃　玉蓮誤聽十朋上任因水土不服而死。

分析：此齣戲又將希望變為絕望，情節的轉折變化相當不錯，因為苗良沒有仔細查證到饒州後遇到喪事就以為十朋上任因水土不服已死，因此將消息傳回，佳音卻變為訃音，讓玉蓮非常傷心，團圓的美夢又破碎。

三十五齣　時祀　十朋祭拜玉蓮。

分析：與三十六齣戲做對比性的安排，藉靠著祭拜表達出十朋對玉蓮的懷念。

三十六齣　夜香　玉蓮祭拜十朋。

分析：與三十五齣戲做對比性的安排，藉靠著祭拜表達出玉蓮對十朋的懷念。

三十七齣　民戴　十朋為官清正，深受民眾愛戴。

分析：十朋因為官有政績加上宰相已換，因此十朋升任吉安太守，而其愛戴的民眾前來歌功頌德，因為就任吉安而有與其妻子再度相逢的機會。

三十八齣　意旨　十朋與母親前往吉安上任。

分析：此為過場戲主要告知觀眾十朋已前往吉安上任。

三十九齣　就祿　十朋派人接玉蓮父親前來吉安同住。

分析：呈現十朋的孝順，由於吉安與溫州相近，因此十

朋派人接玉蓮父親前來吉安同住。

第四十齣　奸計　惡人孫汝權告狀，溫州府推官周璧察明真相，反將孫汝權杖打四十大板。

分析：爲安排惡有惡報，必須將惡人孫汝權做一處理，因此溫州府推官周璧察明真相，反將孫汝權杖打四十大板，讓觀眾憤恨的情緒得以紓解。

四十一齣　唔婿　玉蓮父與十朋見面。

分析：一齣很短的過場戲，安排玉蓮父前往吉安。

四十二齣　親敘　玉蓮父與十朋母親見面。

分析：安排親人的團圓，將情節發展逐步結束。

四十三齣　執柯　友人欲爲十朋做媒，但十朋不願再娶。

分析：與四十四齣做對比性的安排，呈現十朋深愛玉蓮的決心，不願再娶。

四十四齣　續姻　義父錢安撫欲安排玉蓮再嫁，玉蓮不願。

分析：與四十三齣對比性的安排，呈現玉蓮深愛十朋決心，不願再嫁。

四十五齣　薦亡　元宵廟會祭拜，兩人雖相見但不敢相認。

分析：藉靠元宵廟會祭拜讓生旦有見面的機會對未來團圓預做安排。

四十六齣　責婢　玉蓮父指責女婢，不應再作紅娘。

分析：藉著錢巡撫指責女婢的情節得知玉蓮遇到十朋，

因而想藉用邀宴的方式來測試十朋是否能認出荊釵？

　　四十七齣　疑會　錢安撫安排邀宴。

　　分析：插科打諢過場戲，錢安撫進行邀宴的安排。

　　四十八齣　團圓　宴會中錢安撫拿出荊釵為十朋認出，夫妻團圓。

　　分析：全劇的總結，藉著荊釵再現，十朋將過去情節又再度略述，夫妻因而團圓，當然也免不了皇帝的褒封，十朋升任福州府知府，玉蓮封貞淑一品夫人，母張氏封越國夫人，全劇在歡樂中結束。

二、《白兔記》情節大綱

　　第一齣　開宗　講述故事大綱。

　　分析：此齣戲為家門，末角上場講述故事大綱。

　　第二齣　訪友　劉知遠早年喪父，母改嫁，繼父將其趕出家門，知遠決定訪友。

　　分析：介紹主要人物劉知遠，讓觀眾了解其家世背景，同時藉靠與其好友的對談知其鬱鬱不得志的狀況。

　　第三齣　報社　李文奎有二子，洪一，洪信，並有一女三娘，與其子女共賞冬季雪景。

　　分析：介紹另一主要人物李三娘，讓觀眾了解其家世背景，知其家庭和樂。

　　第四齣　祭賽　李文奎至馬鳴廟祭拜，祭拜之福雞為劉知遠所盜。

　　分析：馬鳴廟之廟會，讓男女主角產生關聯，窮困的劉

知遠躲在廟中供桌下偷吃食物，被捉時幸好為女主角父親李文奎所救，因而後續能產生婚姻關係。

　　第五齣　留莊　李文奎認為劉知遠為非凡之輩，將其帶回家。

　　分析：李文奎將劉知遠帶回家，告知妻女此人將來必飛黃騰達，但其妻卻也預測此人命運多變化不可能在其家常住，為將來劇情發展預留伏筆。

　　第六齣　牧牛　李文奎見劉知遠睡覺時有真龍出現，知其未來必然富貴，因此將女兒許配。

　　分析：此齣戲一方面將劉知遠神化，其睡覺時會神龍再現，李文奎與三娘都親眼看見，而有遠見的李文奎知劉知遠未來必然有所成就，企圖以婚姻來結合富貴，因此要求三娘嫁給他，但李文奎的兒子李洪一卻不欣賞劉知遠，見面時便要毆打他，引發人物間的戲劇衝突，父子相互不滿，主人與客人間相互不滿。

　　第七齣　成婚　劉知遠與李三娘成親。

　　分析：此齣戲安排劉知遠與李三娘成親，但卻安排在李洪一不在家時，也埋下後續衝突的導火線，雖是結婚歡樂的戲，結束時卻也留下伏筆，李文奎兩次頭暈，擔心不久將別離人世，這樣的婚姻在李文奎過世後不知能維持多久，觀眾的心中必然有這樣的疑問。

　　第八齣　遊春　劉知遠與李三娘趁春景出遊。

　　分析：延續結婚的歡樂，劉知遠與李三娘共同出遊再享愛情的甜蜜，但此齣戲結束時，劉知遠卻也獲報其丈人及丈

母娘重病，整個戲劇的氣氛又轉成哀傷。

　　第九齣　保懷　洪一不喜劉知遠，而李文奎亦生病。

　　分析：縱然和尚祈福念經但李三娘的父母仍然過世，此齣戲呈現李洪一對父母之不滿，毫無孝道可言，甚至希望其父母早點過世，因此洪一心狠無情感的個性在此展露，而此齣戲也是戲劇情節發展之轉折點，沒有李三娘的父母保護，三娘與劉知遠的命運必然轉向悲慘，觀眾會擔心他們要如何應付呢？

　　第十齣　逼書　洪一逼劉知遠寫休書。

　　分析：李洪一與劉知遠衝突正式展開，李洪一威脅逼迫劉知遠寫下休書同時脫下衣服要將其趕出家門，幸好三娘衝出將休書撕碎，顯示其堅強一面，再經李文奎弟弟勸阻，因此李洪一只能暫時作罷，但李洪一又設下另一道陷阱，讓劉知遠去看瓜園，好讓鐵面瓜精將其殺死，戲劇的危機於焉產生。

　　第十一齣　詭計　洪一設計讓劉知遠看瓜田，讓鐵面瓜精吃掉。

　　分析：此齣戲李洪一展現謀略，假裝善意將瓜田的家產分給三娘，同時又請劉知遠喝酒，劉知遠不知有詐，還感謝李洪一，幸經三娘提醒，送瓜園只是幌子，讓其被鐵面瓜精吃掉才是目的，但劉知遠無懼仍然決定去護瓜，但也引發夫妻間的衝突，三娘無奈淚流滿面，因為她很有可能失去劉知遠成為寡婦，此齣戲將李洪一的假意及狠毒，劉知遠爽直及勇敢，李三娘憂慮及痛苦都有深刻的描繪。

第十二齣　看瓜　劉知遠打敗鐵面瓜精。

分析：劉知遠無懼妖怪，鐵面瓜精出現就被打敗鑽入地裡，劉知遠挖洞居然發現頭盔衣甲兵書寶劍，自知天意要讓其前程輝煌，因此也產生離開家的意念，李三娘關心丈夫帶著一碗飯前來，夫妻再度相遇，但劉知遠不願再為一碗飯受氣將自尋前程。

第十三齣　分別　劉知遠被逼無奈與妻分離，並立下「不發跡不回、不做官不回、不報仇不回」誓言，並告知妻子，如有比他好的丈夫則改嫁。

分析：夫妻別離何其痛苦，但留在家中只有更多的危險及更多的衝突，在李文奎弟弟協助盤纏情形下，劉知遠決定前往太原從軍，離開前也發下誓言以顯示決心，「不發跡不回、不做官不回、不報仇不回」，整齣戲充滿著氣憤、無奈、傷心、哀愁。

第十四齣　途嘆　劉知遠途中悲傷。

分析：主要呈現劉知遠的心境，有懷念、有怨恨，雖有美景但卻無心情欣賞。

第十五齣　投軍　劉知遠加入岳勳節度使軍隊。

分析：此齣戲一方面介紹岳節度使，同時讓劉知遠加入其軍隊，由於從軍對劉知遠的命運有了重大的轉變，此齣戲安排有其重要的意義。

第十六齣　強逼　兄嫂逼三娘再嫁，三娘不從，兄嫂逼迫日間挑水三百擔，夜間挨磨到天明。

分析：此齣戲主要呈現李三娘與其兄嫂間的衝突，而將

三娘堅強、忠貞、忍耐的性格做一完整的描繪，同時將兄嫂的狠毒更進一步的刻劃，其兄逼迫她給她四條路選擇，上天堂、下地獄、改嫁人、日間挑水三百擔，夜間挨磨到天明，三娘不畏艱苦選擇折磨自己的第四條路，而惡毒的兄嫂更進一步準備將出生的嬰兒丟入荷花池淹死，藉以斬草除根。

第十七齣　巡更　劉知遠寒冬巡守，節度使女兒岳秀英贈戰袍禦寒。

分析：主要介紹另一關鍵人物節度使的女兒岳秀英，因為她的出現讓劉知遠命運改變，不但劉知遠娶了她更立下戰功，同時劉知遠與李三娘的骨血咬臍郎也有她的照顧能長大成人。

第十八齣　拷問　劉知遠被誤會偷戰袍被拷問，拷打時空中出現五爪真龍，岳勳節度使知其將來必富貴，於是將女兒嫁給他。

分析：類似第四齣戲祭賽的安排，讓劉知遠陷入困境，然後神自天降的手法，遇到貴人協助得到婚姻及生活的照顧，劉知遠在此齣戲一下子變成節度使的女婿。

第十九齣　挨磨　三娘辛苦過活。

分析：由於情節採雙線發展，因此敘述李三娘在家鄉的生活，懷著身孕白天挑水夜間推磨，非常辛苦，同時兄嫂還不時虐待，但樂天知命的三娘不怨兄嫂、不怨爹娘、不怨丈夫，此齣戲對三娘堅強、忍耐、樂觀的性格有深刻的描繪。

第二十齣　分娩　竇老探視三娘，得知其生小孩，並咬斷臍帶。

　　分析：延續上齣戲懷孕的痛苦，三娘生下小孩，由於兄嫂不願借剪刀，三娘忍痛咬斷臍帶，另外此齣戲安排竇公的出現，主要是後續竇公必須送小孩至劉知遠處，因此特別介紹此一人物。

　　二十一齣　岳贅　劉知遠入贅成為岳家女婿。

　　分析：對比著三娘的痛苦，劉知遠卻非常歡樂，此齣戲他與岳秀英成親，卻完全忘記他與三娘誓願，為了攀延富貴，完全不提家鄉尚有妻子，也描繪出劉知遠現實無情的性格。

　　二十二齣　送子　三娘兄嫂欲將小孩丟入荷花池，於是託竇公將小孩送給劉知遠。

　　分析：又製造戲劇危機，三娘兄嫂欲將小孩丟入荷花池，三娘非常擔心，因此請熱心的竇公將小孩交給劉知遠，來化解咬臍郎被害的危機，竇公欣然答應。

　　二十三齣　求乳　竇公沿途求乳餵小孩。

　　分析：主要呈現竇公的熱心與機智，能將嬰兒沿途求乳送交劉知遠是何其不容易的事。

　　二十四齣　見兒　竇公見到劉知遠，並將小孩交付，而岳家小姐也願意收養。

　　分析：竇公將小孩交付劉知遠，但入贅岳家的劉知遠必須經過岳秀英的同意才能收養，岳秀英得知非但沒有追究劉知遠隱瞞已婚的事實，還說出「前妻姊姊養的就是我養的一般」的話語而欣然接受，作者又再度塑造寬宏大量又有愛心的岳秀英，讓戲劇的危機又輕易的化解，沒有見到夫妻的衝

突，也不用費心安排咬臍郎的去處。

二十五齣　寇兵　蘇林老將叛變。

分析：此齣戲極短，主要介紹蘇林老將，他因朝廷有功不賞、有罪不誅因而叛變，也因爲他的叛變，讓劉知遠平亂而有立下戰功的機會。

二十六齣　討賊　劉知遠官拜總兵元帥，出兵討伐蘇林老將。

分析：因其爲節度使女婿，劉知遠已官拜總兵元帥，他爲了勝利派人去取回天賜寶刀及金盔，準備與蘇林老將一決高下，安排此齣戲主要是呈現神力的協助。

二十七齣　凱回　伐賊勝利。

分析：主要呈現伐賊勝利，劉知遠盡滅叛賊，凱旋而歸。

二十八齣　汲水　三娘仍然挨磨挑水痛苦生活。

分析：三娘與孩子別離，無法享有親情，丈夫又遠離，無法享有愛情，不但孤獨更有挨磨挑水的肉體折磨，唯一的希望就是丈夫衣錦還鄉全家團圓，因爲有希望，三娘才如此堅忍著活下去。

二十九齣　受封　劉知遠因戰功任九州安撫。

分析：本齣戲黃帝下聖旨，劉知遠因戰功任九州安撫，而天下太平，劉知遠與岳秀英遊後花園，而此齣戲另一重要的目的是呈現時光如梭，已過了十六年，咬臍郎已長大，並要求去打獵，而能帶出因打獵而遇其母的情節。

第三十齣　訴獵　劉知遠之子打獵追白兔遇其母。

　　分析：安排咬臍郎的打獵追白兔連結兩條發展的情節線，而有全家團圓之機會，安排追白兔其實也有其象徵之意義，由於中秋月圓之時，月亮中會有白兔之出現，因此已暗示劉知遠與李三娘將會相逢，而三娘與咬臍郎間的對話，更讓咬臍郎產生更多的疑惑，也懷疑她可能就是親生的母親，此齣戲利用戲劇巧合的技巧，讓整個戲劇結局邁向圓滿與歡樂。

　　三十一齣　憶母　劉知遠將過去歷史告知其子。

　　分析：咬臍郎從父親處得知過去的歷史，也了解父母處境之艱難，而劉知遠也道出，其有今日之成就也不容易，必須殺人飲血，戰爭疲憊時也只有在馬背上睡覺，必須吃比別人更多的苦，才能有所成就，來告知咬臍郎必須努力，當然劉知遠與李三娘的團圓，另一關鍵人物就是岳秀英，岳秀英寬大胸懷，告知劉知遠願與李三娘共享富貴，為大團圓之安排又推前一大步。

　　三十二齣　私會　劉知遠與三娘夫妻相見，互訴衷情，並教訓李洪一夫婦。

　　分析：為全齣的高潮戲，所有的情節發展及人物間的衝突，必須有所完結，劉知遠與三娘再度見面，互訴衷情後，劉知遠取出三台金印，表示三天內必來迎接三娘，否則請三娘將金印丟掉讓其不得為官，以顯示劉知遠仍然重視原有的夫妻真情，至於劉知遠與李洪一的衝突，藉著劉知遠毆打李洪一，讓觀眾能大快人心。

　　三十三齣　團圓　全家團圓。

　　分析：安排母子重逢全家團圓享受天倫之樂，至於惡人李洪一夫婦，基於中國人之孝道觀念，三娘也寬大胸懷想到已過世的父母而原諒李洪一夫婦，至於熱心的竇公則被接到府中安養終身，全劇結束。

參、《荊釵記》與《白兔記》
之戲劇情節線分析

　　中國戲曲理論家李漁在其《閒情偶寄》一書「立主腦」篇中提及，「一本戲中，有無數人名，究竟俱屬陪賓；源其初心，止爲一人而設。即此一人之身，自始至終，離合悲歡，中具無限情由，無窮關目，究竟俱屬衍文；源其初心，又止爲一事而設。此一人一事，即作傳奇之主腦也。如一部琵琶，止爲蔡伯喈一人；而蔡伯喈一人，又止爲重婚牛府一事。其餘枝節，皆從此一事而生－二親之遭兇，五娘之盡孝，拐兒之騙財、匿書，張大公之練財、仗義，皆由於此。是『重婚牛府』四字，即作琵琶記之主腦也」。[5]姚一葦教授在其《戲劇論集》一書「戲劇的動作」章節中談及「戲劇的動作應該包含兩個基本要素：第一，它必須是戲劇結構的核心部份，是一切情節、人物、語言所模擬的對象；第二，它必須是完整的，從一件事的發展的系列上或過程中來把

---

5 李漁：《閒情偶寄》卷一　歷代詩史長篇二輯（台灣：鼎文書局，民國 63 年），頁 14。

握，所以必須有開始，有中間和結束。我們來分析易卜生的傀儡家庭，該劇的動作可以解釋為「由娜拉的不顧一切的愛她丈夫到娜拉的離家出走」的一系列發展。該劇的整個情節便是對這一動作的模擬」。[6]而林鶴宜教授在「論明清傳奇敘事程式性」論文中，提及結構性程式觀念，一部傳奇的情節線包括生、旦相互感應、對稱、配合的兩條「主情節線」；加上一條用來調劑文武鬧靜或誇逞生腳韜略的「武戲情節線」；視故事不同，又可搭配一條反面人物行動的「對立情節線」；或是一條正面人物幫助生旦的「輔助情節線」。這五條線的組合，可以說是傳奇敘事程式的基架，然而唯有生旦兩條主情節線才是結構所需，其餘可以視需要斟酌加減。[7]

綜合上述，我們可發現戲劇結構之發展，通常以主要人物為中心，並且擇一主要事件，然後逐步發展，其餘旁枝之人物及情節，也是為此主要人物及事件陪襯而已，依此觀念分別分析兩劇：

一、《荆釵記》

主要人物為王十朋，而其主要事件為王十朋拒万俟宰相為婿，因此而衍生其妻錢玉蓮遭假休書欺騙而跳江、十朋遭貶至蠻荒之地為官、歷經曲折終於團圓，整個戲劇的動作可說是「王十朋拒万俟宰相為婿，夫妻分別遭受欺凌打壓的一

6 姚一葦：《戲劇論集》（台灣：開明書局，民國 58 年）頁 51。
7 林鶴宜：《論明清傳奇敘事程式性》明清戲曲國際研討會論文集。

系列發展」，而整個戲的主情節線，分別以生旦為中心，在生的部份，其主情節線分別串連下列各齣戲，十朋以荊釵為聘禮的「受釵」、與玉蓮結婚之「合巹」、拒万俟宰相為婿的「參相」、寫家書告知貶官的「傳魚」、思念愛妻與母親的「憶母」、返鄉與母相見得知其妻跳江的「見母」、懷念愛妻祭祀的「時祀」、為官清正受人民愛戴的「民戴」、好友為十朋安排姻緣的「執柯」、元宵燈會兩人相見不敢相認的「薦亡」、福州巡撫取出荊釵夫妻相認團圓的「團圓」；在旦的部份，其主情節線分別串連下列各齣戲，玉蓮在荊釵與金釵間抉擇後選擇荊釵之「受釵」、媒婆苦勸嫁孫汝權之「繡房」、玉蓮後母受孫汝權金錢賄絡逼玉蓮改變心意的「逼嫁」、玉蓮在母親靈位前拜別的「辭靈」、玉蓮思念進京趕考丈夫的「閨念」、玉蓮獲假休書愕然之「獲報」、後母與孫汝權聯手逼婚之「大逼」、玉蓮走投無路跳江自殺之「投江」、誤聽丈夫死亡之訊息的「漫卜」、玉蓮祭拜丈夫之「夜香」、玉蓮義父安排其婚姻之「續姻」；至於對立情節線的部份則以孫汝權為中心，並輔以万俟宰相，孫汝權欲以其財勢娶玉蓮為妻之「瑕契」、竄改王十朋家書為休書之「套書」、運用狠毒手段欲得玉蓮之「大逼」與「搶親」、最後惡有惡報被解京審判的「奸活」；而万俟宰相在十朋拒其為婿惱羞成怒，將其貶官流放蠻荒之「參相」更為全劇之關鍵，在輔助情節線的部份，則以福建錢巡撫為中心，錢巡撫夜睡神明告知將救貞節婦之「發水」、將錢玉蓮救起並收為義女之「投江」、安排其婚姻之「續姻」、取出荊釵準備

安排婚事之「團圓」，其情節都具穿針引線之功能。

　　而劉師效鵬在《永樂大典三本戲文與五大南戲結構比較》論文中提及《荊釵記》也強調在戲劇情節的發展是以生旦爲中心，「從王十朋離家赴試（第十六齣）開始至「團圓」（第四十八齣）的戲劇結束爲止，通過王、錢兩人不同的遭遇及行爲，建立起兩組不同的人物和各自獨立的事件，分別以生旦爲中心。」[8]

二、《白兔記》

　　主要人物爲劉知遠，而其主要事件爲劉知遠不堪虐待而別妻從軍，因此一改變其妻磨坊產子並託竇公送至劉知遠處，而劉知遠成爲岳勳節度使女婿並立戰功升任九州安撫，其子打獵追兔終因遇母而全家團圓。整個戲劇的動作可說是「劉知遠從軍，夫妻分受苦難及努力終得團圓的一系列發展」，而整個戲的主情節線，分別以生旦爲中心，在生的部份，其主情節線分別串聯下列各齣戲，劉知遠盜福雞而與李文奎相識的「祭賽」，劉知遠受李文奎賞識而娶其女的「成婚」，受李洪一（三娘兄）欺凌逼寫休書的「逼書」，劉知遠遭李洪一設計陷害而與鐵面瓜精決鬥之「看瓜」，無路可走只有從軍一途發誓三不回的「分別」，描寫從軍歷程的「投軍」與「巡更」，劉知遠偷戰袍而被拷打，於是真龍出現，岳勳賞識將其女嫁之「拷問」與「岳贅」，蘇林老將叛

---

8 劉師效鵬：《永樂大典三本戲文與五大南戲結構比較》文學評論第三集（台灣：書評書目出版社），頁106。

變，身爲太尉劉知遠的迅速平亂之「討賊」，而因戰功晉升爲九州安撫的「凱回」與「受封」，最後因其子獵兔而與妻子團圓之「團圓」；在旦的部份，主情節線分別串聯下列各齣戲，其父安排嫁給劉知遠的「成婚」，與丈夫趁春景出遊的「遊春」，與丈夫別離的「分別」，在哥嫂強逼下日間挑水夜間挨磨的「強逼」與「挨磨」，小孩出生磨坊三娘咬斷臍帶的「分娩」，委託竇公將小孩送劉知遠的「送子」，忍受身心煎熬的「汲水」，其子追白兔與兒見面的「訴獵」，以及最後與丈夫團圓見面的「團圓」；在對立情節線方面，則以李洪一爲中心，包含逼劉知遠寫休書的「逼書」，設計劉知遠讓鐵面瓜精吃掉的「設計」，與其妻欺凌其妹的「強逼」與「挨磨」，而在輔助情節線方面，則以竇公爲中心，包含三娘託子給竇公代交劉知遠的「送子」，竇公爲餵食小孩沿途求乳的「求乳」，終見劉知遠完成交兒任務的「見兒」；本戲可見武戲情節線，劉知遠與鐵面瓜精作戰的「看瓜」及與蘇林叛將作戰而勝的「凱回」，藉以彰顯生腳之韜略。

　　劉師效鵬在《永樂大典三本戲文與五大南戲結構比較》論文中提及《白兔記》在戲劇情節發展爲重疊結構發展樣式，因劉知遠與李三娘分別，兩人不同遭遇，形成各自獨立的事件，平行發展的兩條線索：

　　（1）以李家發生事件組合而成的情節。

　　（2）自劉知遠離家後遭遇事件組合成另一條發展的線索。

綜合上述的情節兩部份來看，《白兔記》的結構是自單一的線索推進到重疊情節發展，從而兼具單一與重疊兩種結構的特徵，亦即在第二齣到第十三齣的時間處理上，表現順序延展向未來的型態，齣與齣之間所發生的事件是相互關連，但在重疊情節出現時，則其時間序列中，發生平行或倒錯的現象，危機或衝突的產生，往往缺乏連續性。[9]如果對於這兩齣戲加以分析比較，雖然此兩齣戲並無相同的故事情節，但可以發現在情節之運用上有其相同之處，雖然有不同的人物、不同的場景，但所呈現的戲劇情境卻是相同，經分析計有：

1.送別：劇中人物或因考試、為官等不同之原因，而必須與親人好友別離，而此兩齣戲安排分別為 ——

（1）荊釵記：在第十五齣的「分別」中，十朋赴京城考狀元而與妻子別離。

（2）白兔記：在第十三齣「分別」中，劉知遠被逼無奈與妻分離，並立下「不發跡不回、不做官不回、不報仇不回」誓言，並告知妻子，如有比他好的丈夫則改嫁。

2.思念：劇中人物因久別親人，都會思念親人，而此兩齣戲安排分別為 ——

（1）荊釵記：在第十八齣「閨念」中，玉蓮思念進京趕考的十朋。

（2）白兔記：在第二十四齣「見兒」中，劉知遠思念

---

9 劉師效鵬：《永樂大典三本戲文與五大南戲結構比較》文學評論第三集（台灣：書評書目出版社），頁105、106。

家鄉之妻子李三娘，不知其近況如何？

3.宴客：劇中人物因婚喪喜慶等各種原因而必須宴客增進人際關係，而此兩齣戲安排分別為 ──

（1）荊釵記：在第四十八齣「團圓」中，錢巡撫安排宴會欲讓十朋娶其義女，當錢巡撫拿出荊釵時，為十朋認出，因而夫妻團圓。

（2）白兔記：在第二十一齣「岳贅」中，劉知遠入贅岳府，安排婚慶喜宴。

4.神救：劇中人物都會遭受危難，為化解危機，安排神明相救，藉以彰顯宗教之力量。而此兩齣戲安排分別為 ──

（1）荊釵記：在第二十五齣「發水」中錢巡撫夜夢，神明告知節婦投江，應將予救起。

（2）白兔記：在第十八齣「拷問」中，劉知遠遭誤會偷戰袍被拷問，拷打時空中出現五爪真龍，岳勳節度使知其將來必富貴，於是將女兒嫁給他，而化解危機。

5.婚姻阻撓：劇中人物在結婚前或結婚後遭受外力的破壞或干擾。

而此兩齣戲安排分別為 ──

（1）荊釵記：在第十二齣「大逼」中，孫汝權以金錢賄絡玉蓮後母，逼玉蓮再嫁孫汝權。

（2）白兔記：在第十三齣「分別」中，劉知遠在其兄嫂逼迫下別離妻子，出外另闖生活。

6.功成為官：劇中人物因為高中狀元或特殊成就而成為官員。

而此兩齣戲安排分別為 ——

（1）荊釵記：在第二十齣「赴任」中，十朋因高中狀元而至潮陽府為官。

（2）白兔記：在第二十六齣「討賊」中，劉知遠因討賊有功而晉升總兵元帥。

在就整個戲劇情節發展來看，其相同中仍有不同之處：

1.發跡變泰過程不同：劇中人物都由窮人變為富貴的文狀元及武將軍，但過程不同。

（1）荊釵記：王十朋原本就積極希望進京趕考成為狀元，果然順利達成所願。

（2）白兔記：劉知遠因被逼離開家園，巧合的因緣際會立下戰功成為將軍。

2.婚姻境遇不同：劇中人物雖都結婚，但婚姻過程遭遇劫難，其結果不同。

（1）荊釵記：王十朋妻子被逼跳江，後成為錢巡撫義女能與王十朋團圓。

（2）白兔記：劉知遠因被兄嫂欺負被逼離開妻子，後又再娶一妻，原配妻子因其子追白兔而團圓，劉知遠享齊人之福。

3.惡人陷害手法及惡報結果不同：劇中人物都遭惡人陷害，但境遇卻有不同。

（1）荊釵記：孫汝權以假休書陷害讓王十朋妻子跳江，最後孫汝權遭官府打四十大板。

（2）白兔記：劉知遠及李三娘遭兄嫂虐待甚至讓劉知

遠看瓜田好讓其被鬼怪吃掉，但最後其兄嫂卻得到原諒，並
無任何的報應。

肆、《荊釵記》與《白兔記》
之戲劇衝突分析

戲劇結構中另一項重要的安排就是戲劇衝突，讓戲劇產
生危機，進而引起觀眾之興趣，分析此兩齣戲之戲劇衝突：

一、荊釵記：

荊釵記戲劇衝突的安排，在人物與人物衝突方面，主要
人物王十朋分別與孫汝權、錢玉蓮後母、万俟丞相衝突，孫
汝權以套書之計陷害、又以金錢賄絡錢玉蓮後母威逼其妻，
万俟丞相則以威權欲迫使王十朋娶其女兒為妻因遭拒而以發
放邊疆為官作為報復；在人物內心衝突方面，主要呈現在兩
個部份，一個是在王十朋高中狀元後，万俟丞相欲召其為
婿，王十朋自可「富易交，貴易妻」，再娶丞相女兒為妻，
平步青雲榮享富貴，但也可「糟糠之妻不下堂，貧賤之交不
可忘」，王十朋以得罪丞相，以全夫妻之貞情；錢玉蓮在孫
汝權逼婚及獲十朋之假休書時，玉蓮自可再嫁孫汝權享受富
貴，抑或維護貞德婦節？玉蓮基於怕損夫之名、恐誤妾之
名、慮占辱宗風、恐乖違婦道，於是投江自殺。

二、白兔記

白兔記的戲劇衝突安排，在人物與人物衝突方面，主要人物劉知遠分別與李洪一、鐵面瓜精、蘇林老將等人衝突，李洪一逼劉知遠寫休書、設計劉知遠讓鐵面瓜精吃掉，劉知遠卻以智慧、勇猛克服困境殺死瓜精，並以「不發跡不回、不做官不回、不報仇不回」立誓從軍，從軍後遇蘇林老將叛變，劉知遠領兵與之作戰討平叛賊，得升九州安撫，在李三娘的部份，則與其兄嫂衝突，兄嫂逼其再嫁，但三娘不從，兄嫂又逼其日間挑水三百擔、夜間挨磨到天明，但三娘忍受一切，而終得團圓。

分析兩劇在戲劇衝突方面都有運用人物與人物間的衝突，同時也有安排人物內心的衝突，雖然衝突原因不同但對整個劇情的推展及戲劇高潮的安排都有助益。

伍、《荊釵記》與《白兔記》戲劇結構創作技巧的運用

研究明傳奇戲劇結構中，可以發現其運用戲劇創作技巧，包含對比及巧合技巧、神自天降解決危機的手法及大小收煞運用，讓劇情產生更多之變化，分別分析兩齣戲如下：

一、《荊釵記》

　　在對比技巧方面，《荊釵記》第八齣戲「受釵」情節中，孫汝權以金釵（金製）爲聘，但王十朋只能以荊釵（木製）爲聘，呈現富與貧之間的強烈對比，而在劇中第三十五齣「時祀」與第三十六齣「夜香」中，一爲王十朋遙拜其妻，一爲錢玉蓮遙拜其夫，亦爲對比性之安排，另在第四十三齣戲「執柯」與第四十四齣戲「續姻」中，分別爲朋友勸十朋再娶，玉蓮義父勸其再嫁，兩人分別拒絕，亦爲對比性之安排。在巧合技巧運用方面，在《荊釵記》第二十六齣「投江」中，玉蓮在投江後，福建錢巡撫的船巧合經過，於是將玉蓮救起，而第四十八齣「團圓」中，錢巡撫欲安排義女玉蓮的婚姻，又再次巧合的是十朋原來就是玉蓮的丈夫。

　　在神自天降的手法方面，第二十五齣「發水」，福建錢巡撫在夜夢中獲神明告知，將有貞節婦跳江，他必須予以救起，於是在第二十六齣「投江」，果然救起投江的錢玉蓮，化解戲劇的危機。

　　在大小收煞的安排方面，王安祈教授在其《明代傳奇之劇場及其藝術》一書中提及「傳奇的作者在選取題材，架構故事時，總要安排劇中人歷經離合、嚐盡悲歡、曲折複雜以引人入勝，因此劇本篇幅勢必較長，齣數相對的多，才能容納複雜的故事內容，不少作者在編劇時，已考慮實際演出的問題，所以傳奇劇本都有上下兩卷，分兩天演完，上半部結

束時叫小收煞，下半部團圓叫大收煞」[10]因此《荊釵記》之小收煞應為第二十四齣「大逼」，玉蓮在孫汝權及後母的逼迫下，為了貞節只有尋死，而玉蓮是否會死？這是一個懸疑，也是戲劇的高潮，至於大收煞則為四十八齣「團圓」，十朋與玉蓮因錢巡撫取出荊釵而夫妻相認團圓。

二、《白兔記》

在對比技巧方面，《白兔記》中第十六齣「強逼」，三娘挑水及挨磨受盡苦難，與第二十一齣「岳贅」，其丈夫劉知遠成為岳家女婿享榮華富貴，苦難與享樂、孤寂與歡欣都是對比性的安排。

在巧合技巧運用方面，在《白兔記》第三十齣「訴獵」中，劉知遠之子打獵追白兔，而巧合的是白兔居然跑到其母親的家中，因而能與母親碰面，進而全家團圓。

在神自天降的手法方面，在第六齣「牧牛」，劉知遠睡覺有真龍出現，於是李文奎將其女兒嫁給他，使其不必流浪，在第十八齣「拷問」中，劉知遠偷戰袍而被拷打時，空中出現五爪真龍，於是岳節度使不但沒有再懲罰他，反將女兒嫁給他。

在大小收煞的安排方面，《白兔記》之小收煞，應為第十三齣「分別」，劉知遠在李洪一的逼迫下，只有發誓「不發跡不回、不做官不回、不報仇不回」而與妻別離，之後夫

---

10 王安祈：《明代傳奇之劇場及其藝術》（台灣：學生書局，民國 75 年）頁 203。

妻的命運如何？是懸疑也是戲劇的高潮，而大收煞則爲第三十三齣「團圓」，因劉知遠之子追白兔而得以與母相認最後全家團圓。

陸、結　語

余秋雨在《中國戲劇文化史述》一書中提及「在藝術技巧上《荊釵記》較好地運用橫向和縱向起伏相結合的辦法。錢玉蓮眼前曾有兩個男青年－王十朋、孫汝權，有兩種釵－荊釵、金釵，王十朋眼前曾有兩個女青年－錢玉蓮、丞相女兒，有兩個去處－烟嶂之地、漁米之鄉，這一系列的特殊組合和選擇就是橫向的對照，王十朋和錢玉蓮的婚姻關係，屢遇磨難而又峰迴路轉，險情疊生而又化險爲夷，甚至到兩方面都誤傳死訊，但是臨近見面而又未能見面，使劇情在顛簸中延綿良久，這就是縱向起伏。通過橫向的對照，劇作把周際的空間關係濃烈的組合在一起，透過縱向起伏劇作又將前後的時間關係濃烈的組合在一起。」[11]姚玉光、白秀芹之《荊釵記評註》也稱讚《荊釵記》戲劇結構安排，「《荊釵記》情節結構的優點，可以概括爲：一線貫珠，多重矛盾，雙水分流，多頭發展，三個高潮，層層推進，伏脈千里，悲喜交識。一線貫珠，就是指錢玉蓮和王十朋的愛情婚姻，這

---

11 余秋雨：《中國戲劇文化史述》（台灣：駱駝出版社，民國 76 年），頁 321

條線是全劇的主線，四十八齣劇情都是圍繞這條主線來進行。多重矛盾，是指愛情婚姻的問題上，人物之間構成紛繁複雜的矛盾，追求、支持、維護錢、王愛情婚姻人物是錢玉蓮、王十朋、錢流行、王母和錢載和等，反對破壞的人物是姚氏、孫汝權、万俟宰相、姑母等，這兩大系列、兩條線索在劇中逕渭分明。雙水分流，是指全劇核心位置生、旦兩條線索，讓生、旦各自獨立線索發展，除了「合巹」、「分別」、「疑會」、「團圓」之外，都是異地相隔、互不見面。多頭發展，是指場面的安排及和時空轉換，王十朋是一頭，他的溫州時空、京師時空、潮州時空、吉安時空，構成相對獨立生活的軌跡，錢玉蓮是一頭，她的溫州時空、福州時空，也相對獨立。全劇的三個高潮，第一個高潮是「逼嫁」，主要表現「父母之命」與「婚姻自主」、「擇婿擇財」與「擇婿擇人」之間的矛盾，第二個高潮是「參相」，主要表現「富貴易妻」與「愛情專一」、「擇婿擇勢」與「擇婿擇人」之間的矛盾，第三個高潮是「大逼」，表面上是第一個高潮的重複，實際上螺旋式上升。伏脈千里，是指作品針線細密，照應周全，荊釵作為愛情和婚姻的象徵，以釵定情，攜釵投江、又因釵團圓，成為全劇貫穿始終的道具，在結構上具有重要的意義。悲喜交識，是指作者有意識的交替使用悲情與喜情場次，以調解觀眾的情緒，使之始終保持高度的興奮，例如「受釵」與「繡房」、「逼嫁」等。

[12]在《白兔記》部分，譚源材之《白兔記評註》對於《白兔記》也有不錯的評價，「它的故事完整，主線突出，內容集中，主題統一，適宜于戲曲表演，也便於觀眾接受。其主線貫串到底，劉知遠和李三娘的婚姻與李洪一夫婦矛盾，構成全劇的主線，貫串始終。雖然也有副線（劉知遠和嶽氏婚姻），也有次副線（如蘇林作亂、劉知遠平寇），但是，都圍繞主線展開，該用則起，該結則收，貫串始終。」[13]由此可見一些專家學者對於《荊釵記》及《白兔記》之戲劇結構多給予肯定。

　　《荊釵記》及《白兔記》在故事情節兩者雖不相同，一個是講述因荊釵結緣的夫妻因惡人陷害歷經苦難最後再度團圓的故事，而另一個則是窮困夫妻遭受兄嫂虐待也歷經苦難最後再度團圓，雖然有不同的人物、不同的場景，但所呈現的戲劇情境卻是相同，包含有神明救助、婚姻阻擾、夫妻苦難等等，此外兩劇所安排的戲劇衝突，包含人物間的衝突及人物內心的衝突，都能帶給觀眾深刻的感受，如《荊釵記》王十朋能克服內心的衝突，打破「富易交，貴易妻」之觀念，強調「糟糠之妻不下堂，貧賤之交不可忘」，不為名利所惑，拒絕成為丞相之駙馬，表現對愛情的忠貞；及《白兔記》的李三娘能克服內心痛苦忍辱負重，雖然丈夫劉知遠被逼從軍，兄嫂又不斷的欺負，三娘默默承受，挑水及挨磨受

---

12 姚玉光、白秀芹：《荊釵記評註》（大陸：吉林人民出版社），頁 358。
13 譚源材：《白兔記評註》（大陸：吉林人民出版社），頁 501。

盡苦難，這些人物呈現的高貴情操，都讓人欽佩。

　　此外兩劇都運用戲劇創作技巧，包含對比及巧合技巧、神自天降解決危機的手法及大小收煞運用，讓劇情產生更多之變化，如「荊釵」與「金釵」的對比、打獵追白兔巧合能全家團圓、貞節婦跳江神明救起化解戲劇的危機等都讓人印象深刻，雖然兩劇創作年代距今已遠，但其戲劇結構安排仍有我們值得學習之處。